INTRODUCCIÓN AL SISTEMA POLÍTICO Y CONSTITUCIONAL ESPAÑOL

Miguel A. Aparicio

INTRODUCCIÓN AL SISTEMA POLÍTICO Y CONSTITUCIONAL ESPAÑOL

Edición aumentada

EDITORIAL ARIEL, S. A.
BARCELONA

Primera edición y reimpresión
en Ariel Quincenal: 1980 y 1981

Primera edición (aumentada) en
Colección Ariel: octubre 1983
Segunda edición: junio 1984

© 1980, 1983 y 1984: Miguel A. Aparicio

Derechos exclusivos de edición en castellano
reservados para todo el mundo:
© 1980, 1983 y 1984: Editorial Ariel, S. A.
Córcega, 270 - Barcelona-8

ISBN: 84-344-1000-1

Depósito legal: B. 21.838-1984

Impreso en España

Ninguna parte de esta publicación, incluido el diseño de la cubierta, puede ser reproducida, almacenada o transmitida en manera alguna ni por ningún medio, ya sea eléctrico, químico, mecánico, óptico, de grabación o de fotocopia, sin permiso previo del editor.

PRÓLOGO A LA SEGUNDA EDICIÓN

Una pequeña obra, como es la presente, sólo puede tener como objetivo el llegar al mayor número de lectores dentro de lo que ella misma dé de sí. La primera edición, que ha sido reimpresa en un par de ocasiones, creo que cumplió su cometido no sólo porque ha sido leída por muchas personas sino también por haber ofrecido una determinada imagen global del trazo político y constitucional español en unas fases tan históricamente decisivas como han sido —y aún son— la de la transición a la democracia y la de su instauración.

Pero cualquiera que siga reflexionando sobre la colectiva trayectoria vital que nos toca seguir en un país como el nuestro no puede dejar de plantearse nuevos interrogantes: unos sugeridos por los acontecimientos internos, otros por la perplejidad que produce el sentimiento de mundialización de los conflictos. De esta forma, el intento de explicación de nuestra situación inestable y dependiente (ambos son elementos dialécticos de la misma función) suele intentar sublimarse acudiendo a los parámetros académicos y academicistas que, bajo el rótulo de «ciencia», ofrecen ciertas seguridades, más bien psicológicas, de la posible exactitud de sus afirmaciones. Ello es tanto más comprensible cuanto más se acepte la propia ambigüedad irracional en la que nos encontramos; o cuanto menos se persiga el conocimiento de la realidad en que nos desenvolvemos. Ciertos planteamientos (no todos, afortunadamente) de la llamada Ciencia del Derecho afirman que su objeto no consiste en conocer la realidad sino el propio Derecho (cuestión, en principio, obvia) para lo cual deben argüir que el Derecho no forma parte de tal esfera. Tal posición se basa en muy sólidas razones lógicas y metodológicas. La principal, sin embargo, suele ser ocultada con especial cuidado, en el mejor de los casos inconsciente: una especulación de ese tenor suele legitimar con gran eficacia los aspectos dominantes del «statu quo» tanto político como social.

Todo lo anterior quiere decir, en resumidas cuentas, que esta segunda edición es, por un lado, continuación en perspectiva de la primera y, por otro, introducción y ampliación de algunas cuestiones sobre las que el autor estima que puede emitir juicio y descripción aun a sabiendas de sus propias limitaciones. Pero, sobre todo, quiere decir que lo que le mueve a seguir trasladando este trabajo a los posibles lectores es su interés por una reflexión conjunta sobre esa realidad que nos circunda y que todos de desigual manera contribuimos a formar.

Las carencias del presente trabajo creo que son las mismas que las presentes en el anterior. O tal vez más. En cualquier caso sus miras siguen siendo igual de limitadas e idéntico el público a que se dirige. Por fortuna, las obras mayores sobre nuestro sistema constitucional son excelentes y a ellas podrá dirigirse cualquier persona interesada no sólo para ampliar conocimientos sino también para obtener más adecuado juicio.

Y termino con una referencia a las críticas que la anterior edición ha merecido. Casi todas ellas han sido efectuadas por compañeros de profesión y, por tanto, han sido en exceso bondadosas incluso aquellas que más duramente han objetado. Desde aquí quiero agradecerlas ya que mi falta de hábitos sociales (llámese imperdonable desidia) dejó pasar la ocasión de hacerlo personalmente.

Barcelona, julio de 1983.

PRÓLOGO A LA PRIMERA EDICIÓN

Estas notas sobre el régimen político español tienen una finalidad exclusivamente introductoria y provisional. Introductoria, por la limitación que imponen las necesidades editoriales; provisional, en cuanto intentan ser un reflejo de los componentes de nuestra realidad política y ésta, día a día, se esfuerza con notable éxito en demostrarnos que lo suyo es cambiante, su dirección oscila y su proyecto, por inestable, se nos presenta inacabado. En esta situación es comprensible que se produzca un cierto desasosiego entre quienes se preocupan de analizar el proceso político al intentar el hallazgo de unas pautas interpretativas explicatorias de su dirección.

Pero la inquietud, la incomodidad, no deben constituir un obstáculo insalvable para realizar el esfuerzo de descripción y reflexión sobre el hasta cierto punto inconcreto régimen político español. De hecho —parece ser un destino histórico de la doctrina constitucional y política española— la propia sensación de provisionalidad espolea la prisa por ofrecer a la opinión pública los resultados primeros de todos los cambios políticamente liberalizadores. Los actuales comentarios, por tanto, no escapan a esa necesaria urgencia y se ven privados del también necesario reposo reflexivo e histórico.

Carácter introductorio, provisional y necesariamente urgente. Pero, también, este trabajo se encuentra lastrado de antemano por la responsabilidad de sustituir al que figuraba en la edición anterior de la presente obra: las líneas maestras que dibujó en aquélla J. Solé Tura ponían de manifiesto cómo en las peores circunstancias políticas se podía abordar el régimen político entonces vigente con seriedad, de manera sistemática, sugestiva, sencilla y brillante y sobre todo con una calidad sintetizadora y explicativa de difícil superación.

Finalmente, señalar al público para quien de manera preferente se ofrecen las notas que siguen: van destinadas a los estudiantes de la carrera de derecho a fin de que manejen un posible esquema de enjuiciamiento y aprendizaje de algunos elementos esenciales del régimen político español actual. Ni que decir tiene que, en consecuencia, se hace precisa su ampliación o su rectificación con la consulta de otras obras de mayor envergadura. Pero, al menos —ésta es la intención—, podrán servir como «vademecum» inicial para un conocimiento de cuestiones básicas de nuestra realidad político-constitucional en los primeros años de dichos estudios.

Sección I

INTRODUCCIÓN:
CRISIS DEL FRANQUISMO

Se suele situar el desencadenamiento de la crisis del franquismo a finales de 1970. Cierto que ya antes se habían vislumbrado determinadas fallas en el sistema político de difícil soldadura. En una reciente obra de R. Carr y J. P. Fusi se indicaba refiriéndose a los hechos políticos de 1973: «No se trataba, por tanto, sólo de una crisis de gobierno sino de algo más profundo: de una verdadera crisis de régimen que había comenzado con las asociaciones en 1967 o 1969».[1] De hecho, los primeros atisbos de la citada crisis comienzan con la propia Ley Orgánica del Estado que en cierta forma culminaba el proceso institucional del franquismo y venía a concretar el margen máximo de «apertura» —es decir, de capacidad de integración— ofrecido por dicho régimen político.

Efectivamente, las asociaciones políticas que podían arrancar de la citada Ley Orgánica (que como atribución del Consejo Nacional del Movimiento, señalaba el «encauzar, dentro de los principios del Movimiento, el contraste de pareceres sobre la acción política» —art. 21, e—) sufren una serie de vicisitudes[2] que retrasan su plasmación jurídica hasta el año 1974 (Estatuto Jurídico del Derecho de Asociación Política de 21 de diciembre de 1974) sin que, incluso tras la promulgación de esta norma, modifiquen sustancialmente el panorama político.

La crisis, por lo demás, comenzaba a afectar a una buena parte de las propias instituciones estatales: la administración de justicia comienza a presentar importantes desacoplamientos en interior con la aparición de algún núcleo organizado de oposición al sistema (Justicia Democrática). El propio ejército ve florecer por vez primera una tendencia, aunque muy minoritaria, que

1. R. CARR y J. P. FUSI, *España, de la dictadura a la democracia*, Planeta, Barcelona, 1979, p. 253.
2. E. LINDE PANIAGUA, *El régimen jurídico de los partidos políticos en España (1936-1978)*, pp. 95-102 de la obra colectiva *Los partidos políticos en España*, Labor, Barcelona, 1979.

propugna la transición del régimen hacia fórmulas de contenido democrático (UMD). La universidad —crónicamente inservible a los intereses del régimen y una de las fuentes más permanentes de oposición al sistema— continúa ejerciendo un enfrentamiento múltiple y sirviendo de caja de resonancia a la opinión de los intelectuales demócratas. La administración local y provincial, últimos reductos en que intenta aplicarse la nueva normativa electoral y representativa prevista en la Ley Orgánica [3] continúan funcionando de manera casi exclusiva como piezas de apoyo y beneficio del capital especulativo urbanístico sin que logren en ningún momento servir de lazo de unión, de puente, entre la base social municipal o provincial y los instrumentos de ejercicio del poder central. Los gobiernos se suceden así sin que, pese a sus contradictorias políticas tendenciales, puedan canalizar una situación social, política y económica que se siguen basando en el viejo sistema de la represión directa, endurecida en oleadas cada vez de mayor frecuencia.

El aparato institucional se muestra incapaz, pues, de iniciar la imprescindible reorientación de una política que se ha quedado corta en una sociedad que ha pasado a constituir la décima potencia industrial. Sin embargo el régimen, como tal, el edificio institucional, permanece y en su interior las distintas representaciones sociales existentes a través de sus portavoces políticos marcan unas diferencias aparentemente más profundas de lo que en realidad eran: la polarización entre «aperturistas» y no aperturistas es casi exclusiva muestra sintetizada de lo que Amando de Miguel ha llamado «las familias» del régimen pero que, en la práctica, planteaban sólo formas ornamentales y simplificadas de continuar en el ejercicio del poder, sin modificar la esencia misma del sistema político, es decir, de la dictadura. Dictadura que se seguía sustentando en el pilar institucional fundamental: la Jefatura del Estado.

No obstante, también la persona del dictador y por tanto la institución que encarna va sufriendo el paso del

3. J. SOLÉ TURA, *Elecciones municipales y estructura del poder político en España*, pp. 765-799 de la obra *Estudios de Ciencia Política y Sociología*, Libro-Homenaje al profesor Carlos Ollero, Madrid, 1972.

tiempo. Y no sólo por razones de edad sino porque, como clave de bóveda de un sistema múltiple y contradictorio, recibe los propios efectos de su deterioro.

Tras el juicio de Burgos a los activistas vascos, el 29 de diciembre de 1970 anuncia la conmutación de las penas de muerte que les habían sido impuestas por un consejo de guerra. El hecho era importante: como han señalado con justeza Jorge de Esteban y Luis López Guerra «por primera vez de forma evidente, una campaña de acciones internas e internacionales había forzado al poder a revisar urgentemente sus decisiones».[4]

El sistema político se va separando progresivamente no sólo de sectores sociales que podían servirle de apoyo sino también de las organizaciones paraestatales —en sentido formal— que en tiempos anteriores habían constituido uno de sus principales basamentos. Tal es el caso de la Iglesia quien, a partir de los años setenta, comienza a tener serias discrepancias con el régimen por la progresiva y relativa liberalización de su jerarquía y el distanciamiento que ella adopta —cuando no la crítica más o menos velada— del funcionamiento político del sistema.[5]

Este elemental cuadro de factores se ve completado por un auge del movimiento obrero que tras diversas vicisitudes va adquiriendo cada vez más una estructura y organización relativamente moderna y flexible que le posibilita combinar la acción reivindicativa legal (a través de su penetración en la estructura de los sindicatos oficiales) con formas abiertamente ilegales. Por parte del sistema político y como respuesta, los años setenta se hallan plagados de detenciones de líderes del movimiento obrero, pero también de múltiples aunque temerosos intentos de poner a punto instrumentos institucionales que posibiliten la integración del mismo en el aparato del sistema (la ley sindical).[6]

Por su lado, la oposición política al régimen, asumida hasta entonces en su mayor parte por el Partido Comu-

4. J. DE ESTEBAN y L. LÓPEZ GUERRA, *La crisis del Estado franquista*, Labor, Barcelona, 1977, p. 12.
5. J. DE ESTEBAN y L. LÓPEZ GUERRA, *op. cit.*, pp. 86 y ss.
6. J. N. GARCÍA NIETO, A. BUSQUETS y S. MARIMÓN, *La nueva Ley Sindical. Análisis de una protesta*, Estela, Barcelona, 1970.

nista, va viendo engrosar sus filas con organizaciones pertenecientes al campo socialista, nacionalista y regionalista. La primera manifestación de la precariedad física del dictador da pie al intento de formación de una coalición de fuerzas políticas de distinto signo (verano de 1974) que adopta el nombre de Junta Democrática y que, pese a todo, no consigue aunar la totalidad de opciones existentes que pudieran perfilar una alternativa de cambio político de amplio apoyo. Socialistas principalmente se mantienen al margen mientras la dureza represiva aumenta: el año 1975 un nuevo consejo de guerra condena a muerte a cinco miembros del FRAP y ETA y son ejecutados.

Finalmente, las cuestiones internacionales juegan un papel decisivo. El ejemplo de Portugal y su revolución de los claveles no debió permanecer ajeno a esa toma de decisión. El consejo de Spínola a la burguesía española recomendando que se organizara al margen del Estado influyó sin duda poderosamente en la elección del camino de transformación democrática rígidamente controlada desde el aparato de poder. Pero, desde luego, no han sido sólo los cercanos sucesos portugueses quienes han inclinado la balanza hacia la adopción del rumbo democratizador. Ya hemos comentado alguno de los elementos de la crisis del régimen que constituían auténticos elementos de crisis de una determinada forma de ejercicio del poder e incluso de su estructuración puramente funcional. Había además otros no menos importantes: Las contradicciones internas entre los distintos grupos que ejercían el poder y la disfuncionalidad de su actuación respecto de las necesidades del propio bloque en el poder no hacían sino poner de manifiesto la conveniencia de reestructurar un sistema político a la vez más integrador y eficaz que se sustentara en nuevos pilares. La corrupción dentro el propio aparato político (caso Matesa), el enfrentamiento escasamente institucionalizado entre diversas fracciones, la crisis fiscal (que ponía de manifiesto la incapacidad del Estado para hacer frente a las necesidades del moderno capitalismo) mostraban la poca utilidad del mantenimiento de las relaciones tradicionales de dominación política (el franquismo «tout court») a la vez que exigían cada vez más apremiantemente a los sectores punta modernizados de la burguesía española la elaboración de fórmulas sustitutorias que continuaran asegurando su dominación económica y aun política mediante mecanismos equiparables a los ya existentes en el resto de la Europa occidental.

Por su lado, la clase obrera, cuyos movimientos reivindicativos perseguían también un objetivo político inseparable —la eliminación de la dictadura—, coincidía en ese objetivo de coadyuvar al camino de recreación de un sistema democrático.

La iniciativa, pese a todo, seguía en manos de los sectores sociales dominantes a través o por medio de las instituciones heredadas de la fase anterior. En otras palabras y a título provisional, podemos decir que el proceso de democratización tras la muerte del dictador se inicia bajo un complejo de elementos que con ánimo de síntesis enumerativa podíamos centrarlo en los siguientes:

a) Constatación del fracaso del sistema político franquista como cauce político integrador del conjunto de la realidad social y, en concreto, de las necesidades de los sectores punta del capitalismo interno e internacional.

b) Necesidades del imperialismo internacional en su política europea favorables al cambio controlado. Ejemplos de Portugal y Grecia.

c) Necesidades del movimiento obrero y popular, en los sectores en que se encontraba organizado, de programar y abordar unos objetivos inmediatos jerarquizados, comenzando por el de eliminar la dictadura y alcanzar un mayor margen de maniobra a partir del cual desarrollar un proyecto político que no se estancase en la mal denominada «democracia formal» o que, en términos más reales, podríamos denominar democracia conservadora.

d) Auge de los movimientos nacionalistas y regionalistas opuestos a la estructura centralista del Estado.

e) Escasa organización tanto de los sectores populares como de la propia burguesía.

f) Consecuencia parcial del segundo aspecto de la nota

anterior, dirección por el propio aparato institucional del Estado y, en concreto, por el gobierno, bajo los auspicios del nuevo monarca, del cambio político cuyas líneas maestras van a quedar dibujadas provisionalmente en la Ley para la Reforma Política.

En estas circunstancias, a nuestro juicio las más destacables, se aborda el proceso de transformación política, el proceso de transición controlada, que partiendo de unas bases autoritarias dictatoriales, opera sobre presupuestos de funcionamiento estatal democrático. Esta transición controlada debe ser objeto de un más detenido análisis tanto por las aparentes peculiaridades políticas que la misma encierra como porque de forma determinante encuadra la aparición del propio sistema democrático tal y como en estos momentos percibimos su estructura y desarrollo.

1. La transición a la democracia

La llamada transición a la democracia abarca al menos dos períodos claramente definidos: el primero protagonizado por el gobierno de Arias Navarro; el segundo por la aparición en escena del gobierno Suárez y la puesta en práctica de un amplio programa de reformas que culmina con la celebración de las elecciones generales del 15 de junio de 1977.

El gobierno Arias. — El día 22 de noviembre de 1975, dos días después de la muerte del general Franco, el nuevo rey pronunciaba su primer discurso. En la ceremonia ante las viejas Cortes franquistas que le proclamaban rey de España el mensaje de la Corona mantiene un difícil equilibrio entre la legitimación del pasado en la que se basa —Ley de Sucesión de 1947, Ley Orgánica del Estado de 1967 y Ley de nombramiento como sucesor de 1969— representada en la figura del anterior jefe del Estado y la nueva legitimidad que se pretende instaurar: «Hoy comienza una nueva etapa en la historia de España (...) Una sociedad libre y moderna requiere la participación de todos en los foros de decisión, en los medios de información, en los diversos niveles educativos y en el control de la riqueza nacional». No obstante, predominan los elementos apaciguadores de las reticencias franquistas sobre las posturas abiertamente reformadoras.

Pero no se trata de efectuar un análisis sobre el contenido ideológico y político de dicho mensaje. La propia dinámica política se encarga de mostrar en los días que suceden a su proclamación algunas cuestiones importantes: 1) Un cierto apoyo europeo a las promesas de liberalización y transformación políticas; 2) mantenimiento de esa ambigüedad primera y como de tanteo en el proceso de inicio del camino hacia el cambio democrático con la confirmación de Arias Navarro como presidente de gobierno; 3) afloración de una oposición política dividida que intenta con relativo éxito y con relativo fracaso disponer de instrumentos que permitan ofrecer una alternativa política (programa, organización y cambio para la eliminación del régimen anterior, «la ruptura») o, al menos —esto sucederá en el segundo momento— poder negociar con el poder constituido una transformación lo más favorable posible a las distintas necesidades y planteamientos que la propia oposición lleva en su seno. La presencia de las potencias europeas, el nacimiento de la oposición relativamente tolerada y, sobre todo, la gestión política del primer gobierno de la monarquía van a dar su especial fisonomía a este relativamente corto período.

El nuevo gobierno de Arias Navarro [7] comienza así una gestión tendente a liberalizar las estructuras autoritarias del Estado, mas con el propósito de intentar mantener en pie todo el edificio institucional anterior sometiéndolo a determinados retoques modernizadores sobre todo en lo que afectaba a la cuestión de la participación política. El viejo problema de las asociaciones políticas cobrará un nuevo auge. En concreto en declaración retransmitida al país el 26 de enero de 1976 Arias propondrá una curiosa fórmula de «democracia a la española» consistente en introducir esos retoques a que antes nos

---

[7]. Véase apéndice sobre la composición del gobierno de Arias Navarro.

referíamos: modificación del Código Penal en materia de asociaciones, planteamiento de un sistema bicameral en el ejercicio de la función legislativa y regulación de los derechos de reunión y asociación sin mayores especificaciones.

Este mantenimiento de los pilares básicos del anterior régimen político va siendo contestado con importantes movilizaciones tanto del movimiento obrero como de diversos sectores de los movimientos populares. La aplicación, por lo demás, de la represión al viejo estilo no impide, sin embargo, que vaya quedando cada vez más patente la imposibilidad del gobierno por conducir la política de «modernización» anunciada. La contradicción creciente entre auge del movimiento de masas de diverso origen (por reivindicaciones laborales y directamente políticas) y las medidas gubernamentales llegan a alcanzar momentos sangrientos como los sucesos de Vitoria en marzo de 1976.

Las relaciones internacionales se mantienen en una difícil espectativa cuyo único apoyo visible y fehaciente se había expresado a comienzos del año con la firma del tratado con Estados Unidos (24 de enero de 1976).[8]

La crisis económica era ya un hecho por el momento irreversible a la vez que suponía un importante factor de retraimiento de los sectores sociales insertos en el aparato estatal.

Finalmente la oposición encuentra fórmulas de unidad provisional que se plasman en la fusión de la Junta Democrática con la Plataforma Democrática: la Coordinación Democrática como centro de unificación de las distintas tendencias de la oposición (con la no participación de algunos partidos regionalistas y nacionalistas de distinto matiz y contenido) y que con diversos altibajos continuará existiendo en el diálogo y aun en la confrontación de estos grupos con el poder gubernamental. A pesar de todo, el gobierno intenta poner en práctica algunas de las reformas apuntadas: en el propio mes de marzo se envía a las Cortes el proyecto de modificación

---

8. J. ACOSTA SÁNCHEZ, *Crisis del franquismo y crisis del imperialismo (aproximación a la coyuntura política española)*, Cuadernos Anagrama, Barcelona, 1976.

del Código Penal en materia de asociaciones y derecho de reunión así como el proyecto de Ley de Asociaciones que vendría a sustituir al anterior estatuto jurídico promulgado en 1974. Ninguno de ambos proyectos aportaba modificaciones sustanciales a la regulación anterior: se trataba más bien de encubrir la posibilidad de que se crearan partidos políticos directamente controlados por el Estado, con exclusión del Partido Comunista, pero sin darles opción a participar realmente en las tareas políticas. Ambos proyectos siguieron distinta trayectoria: mientras el segundo era aprobado por las Cortes en el mes de junio siguiente (9 de junio) en el mismo día éstas rechazaban la posible modificación del Código Penal, con lo cual si por un lado se admitía el derecho de asociación, por otro la utilización o ejercicio de tal derecho continuaba encontrándose prohibido por la regulación penal.

Pese a ello, la alternativa política de la oposición no prosperaba. De hecho sucede lo contrario: se comienza a hablar ya por estas fechas de la «ruptura pactada» pese a no aceptar las condiciones impuestas por el gobierno a través de la Ley de Asociaciones. El mensaje del presidente del gobierno de abril anterior no había sino marcado con carácter definitivo la imposibilidad de llevar adelante la reforma: el franquismo no se transformaba a sí mismo y su dulcificación o mejora en el sentido occidental aparecía inviable. Entre otras razones porque tampoco los sectores más vitalmente ligados a las instituciones «puras» del franquismo se hallaban dispuestos a permitir esas tímidas reformas. Con una visión política escasamente calibrada y mirando a la explicable conservación de sus inestables mecanismos de poder no podían convenir en que éstos fueran sustituidos por otros. Se trataba de una élite política crecida al amparo del sistema y dentro del mismo, pero asentada en los círculos institucionales más directamente ligados a las estructuras dictatoriales clásicas del propio franquismo y a sus instrumentos específicos de dominación: Movimiento y sindicatos verticales. Y las reformas, por escasas y sin importancia que fuesen, debían plantear de alguna forma la transformación de esos mismos círculos en que ellos se desenvolvían.

El impasse producido por los fracasados intentos de Arias Navarro hace emerger la importancia política de la Corona en la dirección del proceso de transición. Por un lado, el rey contradice abiertamente las declaraciones y manifestaciones del presidente del gobierno asegurando (declaraciones atribuidas al rey en *Newsweek* —abril de 1976—) la continuidad del proceso de reforma y de democratización; por otro, termina aceptando la dimisión de Arias Navarro el 1 de julio de dicho año.

Han dicho Carr y Fusi que «al dimitir Arias parecía que sólo quedaba la ruptura». Afirmación exagerada incluso para los más optimistas líderes de la oposición de aquellos momentos. Tras las maniobras de Fernández Miranda ante el Consejo del Reino, la terna que se presenta al rey para que de ella escoja presidente del gobierno, de acuerdo con lo preceptuado en la Ley Orgánica del Estado, contiene un nombre que goza de su entera confianza: el antiguo ministro secretario general del Movimiento, Adolfo Suárez, discípulo del que ya intentó ser un hombre de la pretransición, Herrero Tejedor, será el encargado de dirigir la operación del tránsito.

Efectivamente, se entra de inmediato en la segunda de las fases apuntadas que culminará en menos de un año con la realización de las primeras elecciones generales a unas Cortes que recobran el poder legislativo y que se autoconceden por diversos motivos y canales el poder constituyente.

Pero es que además no se ha valorado suficientemente el papel político de Arias Navarro como elemento que ha posibilitado *malgré lui* el éxito de la operación política de la reforma Suárez. La «apertura» Arias constituyó un primer e imprescindible tanteo que posibilitó comprobar el estado de la correlación de las distintas fuerzas. Ese tanteo puso de manifiesto:

1. La indiscutible legitimidad de la Corona ante el conjunto de los aparatos del Estado (y especialmente ante el ejército, como sector del mayor poder y potencialmente más reacio a los posibles cambios en la reestructuración del sistema político).

2. La relativa debilidad de la clase política o élite política denominada «el búnker», cuyos centros de reac-

ción frente a las reformas eran excesivamente rígidos para permitirles un mayor margen de maniobra y con cuya base social potencial carecía de canales de comunicación. Por otro lado, representaban un capitalismo marginal, normalmente de origen especulativo, sin mayor incidencia en el núcleo del capitalismo español aunque tampoco careciera de importancia.

3. La desunión e impotencia para llevar a cabo su alternativa de «ruptura» por parte de la oposición democrática cruzada ya por corrientes interiores a las que no eran ajenas determinadas presiones e influencias internacionales.

El fracaso de la apertura de Arias Navarro, por lo tanto, esa *tertia via* de un franquismo remozado, posibilita y allana el camino para conseguir la reforma tal como luego se llevó a cabo.

La reforma Suárez. — Hemos mencionado en más de una ocasión la palabra «operación política» para referirnos al proceso de reforma. Tal fue también —y lo sigue siendo— la forma de designar en los medios periodísticos a dicho proceso. El apelativo no es casual porque describe y sugiere un elemento decisivo en la caracterización del mismo: el que se tratara de un plan preconcebido, estructurado y planteado como una especie de operación militar, con objetivos prefijados y contando con unas determinadas fuerzas de apoyo. La reforma fue el fruto de una necesidad de autotransformación del Estado y constituyó igualmente un proyecto político que fue paulatinamente modificándose en función de los impuestos interiores y exteriores pero sin abandonar en ningún momento el objetivo que había perseguido desde el principio: el control de la transición y el control del nuevo tipo de Estado a instaurar ejercido desde los mismos centros institucionales de decisión inscritos en la anterior forma de Estado.

Al término de esta fase se habían cubierto una serie de etapas que describiremos a continuación.

Como ya hemos dicho, el punto de arranque de la operación «reforma» se situó a partir del núcleo teórico de la legalidad de la dictadura. El propósito explícito seguido consistió en evolucionar «desde dentro», en un proceso de autotransformación selectiva que permitiera ir graduando el alcance de los pasos a dar: de finales del mes de julio a finales de agosto el presidente Suárez iniciaba el diálogo con ciertas personalidades de la oposición; el 30 de julio se concedía una primera amnistía parcial y desde el gobierno se daban muestras de proceder a abrir una cierta vía europea a la democracia.[9]

Los primeros momentos, sin embargo, se encuentran llenos de reticencias tanto por parte del poder como de la oposición. En cuanto al gobierno, en su diálogo con la oposición, tiende a realizarlo con personalidades concretas, potencialmente proclives a su programa político, más que con grupos políticos; por otro lado, las ambigüedades del propio proceso (lo que el profesor Lucas Verdú, refiriéndose a la Ley para la Reforma Política —de la que hablaremos más tarde— ha denominado «estrabismo», por cuanto por un lado miraba a la oposición y, por otro, a la estructura franquista)[10] le obligan a adoptar medidas contradictorias a corto plazo; finalmente, porque en esos instantes era muy difícil prever los apoyos desde dentro del sistema con los que podía contar dicho proyecto. Y en cuanto a la oposición se seguía debatiendo entre la desconfianza natural provocada por el intento reformista de Arias Navarro y su imposibilidad de dar una alternativa rupturista que fuera seguida por la mayor parte del país incluidas sus fuerzas socio-económicas dominantes:[11] la multitud de proyectos no estrictamente unitarios pero, sobre todo, la comprensible desorganización política de la sociedad tras un período de prohibición de los partidos y asociaciones (recordemos que su normalización no vendrá sino tras la aprobación de la Ley para la Reforma Política) restaba cualquier posible fuerza decisoria a sus intentos por dar una salida distinta a la patrocinada por el poder. Todo lo más, en aquellos momentos, se procedía a organizar el consentimiento social difuso en apoyo de tales

---

9. J. DE ESTEBAN, *De la dictadura a la democracia*, Univ. Complutense, Madrid, 1979.

10. P. LUCAS VERDÚ, *La octava Ley Fundamental. Crítica jurídico-política de la Reforma Suárez*, Tecnos, Madrid, 1976, p. 60.

11. R. CARR y J. P. FUSI, op. cit., pp. 276 y 286.

pretensiones pero sin excesivas posibilidades de capitalizarlo en toda su extensión.

No podemos entrar aquí en el relato minucioso de acontecimientos. Mientras la crisis económica continuaba y el movimiento obrero mantenía sus planteamientos político-reivindicativos en su sector más organizado, de nuevo el gobierno introduce la pieza clave para conseguir sus objetivos: el proyecto de Ley para la Reforma Política («La octava Ley Fundamental»), aprobado por el consejo de ministros el 10 de septiembre de 1976, es publicado dos días más tarde y explicado en alocución televisiva por el presidente Suárez. Se hace entrar en juego la baza más importante y también la más significativa tanto desde un punto de vista jurídico constitucional como, especialmente, según ha apuntado Lucas Verdú, desde un punto de vista del análisis político y de la significación real de las fuerzas en presencia.

El triunfo en corto espacio de tiempo del mencionado proyecto dejará la vía expedita para ir completando paulatinamente los hitos básicos de la reforma: legalización de los partidos políticos, libertad sindical, desaparición formal del Movimiento, convocatoria de elecciones generales, regulación de las mismas, ratificación de los tratados internacionales sobre derechos humanos, derechos sindicales y derechos económicos y sociales y, finalmente, tras las elecciones del 15 de junio de 1977, apertura de un *sui generis* proceso constituyente.

Pero conviene detenernos en señalar las implicaciones, los presupuestos y los fines de la Ley de Reforma Política.

1.º *La Ley para la Reforma Política*. — «El gobierno Suárez se ha visto, por un lado, comprometido por razones subjetivas y por razones objetivas a respetar el derecho constitucional vigente, que es tanto como decir que no se cambie por modos ajenos a lo que las propias leyes permiten y que con el nombre de fundamentales se heredaron de la dictadura franquista. Por otro lado, su proyecto, expuesto con claridad desde los primeros momentos, consiste en cambiar ese orden fundamental, con lo que damos en la siguiente sorprendente contradicción. Por una parte, hay que respetar la legislación totalitaria, y por otra, hay que destruir esta legislación para dar paso a un sistema democrático.» [12]

a) *La tramitación seguida para la aprobación de esta ley.* — Efectivamente, ésa era la contradicción «formal» dentro del enfrentamiento entre los propósitos mantenidos por la Ley de Reforma Política o, mejor dicho, por sus autores e impulsores y los contenidos del conjunto de las Leyes Fundamentales.

Luego volveremos sobre estas cuestiones. Pero ahora describamos brevemente el proceso de tramitación: de acuerdo con el artículo 23 *b)* de la Ley Orgánica del Estado, el proyecto de ley elaborado por el gobierno debía ser sometido previamente al Consejo Nacional del Movimiento y a las Cortes españolas. Ambos plenos efectuaron diversas críticas (vid. B.O. de las Cortes españolas, núm. 1.532 de 21 de octubre de 1976, pág. 37 112, que recoge el informe del Consejo Nacional del Movimiento, y el núm. 29 del *Diario de las Sesiones del Pleno de las Cortes Españolas* —X legislatura— con el informe de las Cortes) pero sus respectivos informes no fueron tenidos en cuenta. No así sucedió con el informe de la ponencia, cuyos componentes próximos en su mayoría a las posiciones gubernamentales introdujeron algunos elementos de modificación al proyecto inicial aunque sin alterar sustancialmente su contenido.[13]

En definitiva, cuando el pleno de las Cortes se pronuncia decisoriamente sobre el texto (18-XI-76) y lo aprueba con una mayoría ampliamente superior a los dos tercios exigidos (425 votos a favor sobre los 497 emitidos) se ha cubierto una etapa en que se ha respetado la letra de las Leyes Fundamentales —que por lo demás, no resultan afectadas en su vigencia por la Ley para la Reforma Política, aunque fueran parcialmente modifica-

---

12. E. TIERNO GALVÁN, Prólogo a la obra de P. Lucas Verdú p. 10.
13. Véase *La reforma política*, publicación del Instituto de Estudios Políticos, mayo de 1977 (Colección Documentos), en que se recogen las principales modificaciones legislativas de la reforma, así como el informe emitido por el Consejo Nacional del Movimiento y un resumen de las principales enmiendas presentadas por distintos procuradores de las Cortes franquistas al proyecto de Ley para la Reforma Política.

das en lo relativo a la composición y al nombramiento de las Cortes— pero se ha trascendido su contenido institucional.

Con estos pasos se había superado el primer gran obstáculo institucional del franquismo. Las propias Cortes habían dado su consentimiento a desaparecer como tales en el futuro funcionamiento político del país. El problema interpretativo continúa en pie: ¿se trató —en el momento concreto de aprobación de la Ley para la Reforma Política— de una autorruptura, en el sentido apuntado por Lucas Verdú,[14] debido a la insalvable contradicción entre la Ley para la Reforma y las restantes Leyes Fundamentales? Observemos que esta perspectiva opone contenidos (y no formas) evidentemente distintos y respondiendo a formas políticas encontradas. Pero esta oposición de contenidos no es nueva en la historia político-constitucional. Lo nuevo es, tal vez, que se efectúe en un *tempus* tan breve.

Ahora bien, desde el punto de vista jurídico, ¿existía realmente la contradicción insalvable no sólo entre la forma sino también entre el contenido de ambos sectores de Leyes Fundamentales? Nuestra respuesta es moderadamente negativa: la legalidad franquista no se caracterizaba precisamente por su respeto a las reglas que rigen la articulación jurídica propia de los sistemas constitucionales. El estado administrativo, en el más puro sentido schmittiano del término —y tal era el supuesto de dicho régimen político— estaba regulado por leyes pero carecía de Constitución entendida ésta en sentido normativo. Baste recordar la enorme variedad de sentencias del Tribunal Supremo atribuyendo a las Leyes Fundamentales la simple cualidad de «normas programáticas». Pero baste también el comprobar que, si estrictamente no podemos dentro de la lógica jurídica admitir que una norma se aplique a sí misma, la Ley para la Reforma Política expresa un supuesto de aplicación de lo previsto en el art.º 10 de la Ley de Sucesión de 26

---

14. P. LUCAS VERDÚ, *op. cit.*, p. 71. El concepto de autorruptura, por otro lado, según el propio autor admite es bastante discutible (*Curso de Derecho Político*, vol. II, p. 657, Tecnos, Madrid, 1977, 2.ª edic.).

de Julio de 1947 sobre el procedimiento para la modificación de las Leyes Fundamentales pero, a la vez, modifica, según veremos, las normas relativas a dicha modificación; y la Ley de Sucesión, a su vez, había modificado las leyes de 30 de Enero de 1938 y de 8 de Enero de 1939 en lo que afectaba a las facultades del Jefe del Estado para dictar Leyes Fundamentales, etc.[15] La propia conceptualización de las Leyes Fundamentales, dentro de la teoría constitucional afecta al sistema, como «constitución abierta»,[16] en un intento de salvar la imagen de un pretendido Estado de Derecho, abriría las puertas a un principio político de no contradicción que se sobreponía jerárquicamente a cualquier pretensión de contradicción jurídica. En definitiva, ese «proceso constituyente permanente» que es propio de cualquier dictadura permitió, también en este caso y desde dentro, no el «autorromper» sino el, valga la cacofonía, el «autorreorientar», es decir, reformar la dirección del proceso político y el sustrato jurídico en que se fundamentaba.

El período posterior a la aprobación de la Ley para la Reforma Política no hace sino abonar esta tesis: por la tácita las Leyes Fundamentales dejan de aplicarse y aun de invocarse como si no existieran y nunca hubieran existido.

Finalmente, el referéndum vino a respaldar el proyecto mantenido por el Gobierno con resultados ampliamente favorables a la nueva Ley.[17]

b) *El contenido de la Ley para la Reforma Política*. — La Ley para la reforma Política tendía, sobre todo, tanto a la modificación del proceso legislativo como, tendencialmente, a la modificación de la propia base de legitimación del sistema político: se trataba de cambiar la composición de las Cortes, que tras haber sido elegidas por sufragio universal, pasarían a estar compuestas por el Congreso de los Diputados y el Senado (art. 2, 1) y tendrían plena potestad en la elaboración y aprobación de las leyes (art. 1, 2). En este sentido, ambas cámaras

---

15. I. DE OTTO PARDO, *Lecciones de Derecho Constitucional*, Guiastur, Oviedo, 1980, pp. 123-124.
16. R. FERNÁNDEZ CARVAJAL, *La Constitución española*, Ed. Nacional, Madrid, 1969.
17. Véanse resultados en apéndice documental.

eran colegisladoras aunque se reservase al Congreso la primera aprobación del texto sobre el que debía pronunciarse posteriormente el Senado; en caso de que éste disintiera, una Comisión mixta presidida por el Presidente de las Cortes y compuesta por cuatro diputados y cuatro senadores debía pronunciarse sobre el referido proyecto (art. 4) y, si no se llegaba a un acuerdo, el Gobierno podía pedir al Congreso de Diputados que resolviera definitivamente por mayoría absoluta de sus miembros.

El otro cambio no menos significativo, por lo que se refiere al aspecto de legitimación que hemos apuntado, era el referido al sistema de elección de los miembros del Congreso y del Senado: «los diputados del Congreso serán elegidos por sufragio universal directo y secreto de los españoles mayores de edad» (art. 2, 2); «los senadores serán elegidos en representación de las entidades territoriales. El rey podrá designar para cada legislatura senadores en número no superior a la quinta parte de los elegidos» (art. 2, 3). De esta forma, las Cortes, como órgano salido de la expresión del sufragio universal y no del sufragio orgánico anterior, el punto de referencia central para las posibles modificaciones posteriores.

Sin embargo, no por ello hay que dejar de insistir en que las Cortes así estructuradas suponían sólo la introducción de una cuña democrática en un sistema que, a tenor de lo dispuesto por la propia ley, permanecía sin grandes alteraciones. Como ha puesto de relieve Sánchez Agesta [18] la ausencia de una disposición derogatoria expresaba la voluntad política de la Ley de establecer la diferencia «entre ruptura, que habría hecho tabla rasa del régimen anterior, y reforma, como un cambio progresivo desde lo existente».

Pero la ley, además, poseía un claro contenido programático por encima incluso de sus disposiciones normativas: por un lado, su preámbulo (no publicado en el texto definitivo) explicitaba la finalidad de la ley —la consecución de la democracia— y sentaba uno de los principios básicos del Estado de derecho («La democra-

---

18. L. Sánchez Agesta, *El sistema político de la Constitución española de 1978*, E. Nacional, Madrid, 1980, p. 41.

cia exige como primer supuesto el imperio y la supremacía de la ley, única garantía para alcanzarla, y la ley como expresión de la voluntad mayoritaria del pueblo»); de otro, prometía «la institucionalización de las peculiaridades regionales», la regulación del «sistema de relaciones entre el gobierno y las cámaras legislativas», «la reforma sindical» y la creación del tribunal constitucional. Sintetizando en su lenguaje prometedor, sugerente de alguna forma, pero no excesivamente concreto, el preámbulo anunciaba el contenido de la ley como referido a «los órganos de representación, el sistema electoral y el procedimiento de reforma de las leyes».

Y sobre todo, finalmente, en materia de contenido concreto, destacaba la proposición de distintos mecanismos para la *reforma constitucional*. De acuerdo con su artículo 3, la reforma constitucional habría de realizarse a iniciativa bien del Gobierno o bien del Congreso de los Diputados y ser aprobada por la mayoría absoluta de cada una de ambas Cámaras o, en caso de desacuerdo entre ambas (que no pudiera ser deshecho por una Comisión mixta formada por cuatro diputados y cuatro senadores), por igual mayoría de dichas Cámaras adoptada en sesión conjunta. Cualquier reforma constitucional exigía el sometimiento tras dichos trámites a referéndum nacional (debe entenderse que de carácter vinculante, dadas las prescripciones al respecto de las Leyes Fundamentales no afectadas por esta Ley).

Ahora bien, todavía la Ley para la Reforma preveía un último instrumento para conseguir los fines políticos de la operación: la voluntad del monarca ratificada mediante referéndum: «El rey —terminaba el art.º 5— podrá someter directamente al pueblo una opción política de interés nacional, sea o no de carácter *constitucional*, para que decida mediante referéndum, cuyos resultados se impondrán a todos los órganos del Estado».

Con ello acababa de perfilarse la naturaleza fundamental de la ley no tanto en su sentido nominal como en el aspecto político: una norma de carácter directamente instrumental que agotó su contenido en el mismo momento en que sus prescripciones se fueron cumpliendo en una de las múltiples direcciones posibles que en ella se marcaban.

Tal era el esquema de contenido de la Ley para la Reforma Política: un texto breve (cinco artículos, tres disposiciones transitorias y una final, sin cláusula derogatoria), ambiguo y que reservaba importantes poderes al rey y al gobierno en la dirección del proceso de cambio. Ley que algún autor denominó «de transacción para la transición»[19] juego de palabras que, sin embargo, contiene más parte de verdad en el segundo término que en el primero. Pero, al fin y al cabo, un texto que fue aceptado en referéndum en el que las opciones políticas habían alcanzado una incompleta aunque comparativamente sustancial presencia.

2.º *Las reformas complementarias.* — Alcanzado el primer objetivo de reformar desde la propia legalidad vigente el proceso y los órganos encargados de la producción de normas jurídicas, se hacía preciso abordar un nuevo contenido del funcionamiento político y social.

La relativa neutralidad de la oposición, pese a proclamar su postura de abstención ante el referéndum, vino en la práctica a reforzar las posiciones gubernamentales y a marginarla en el intento de influir decisivamente en la dirección del cambio. De hecho la oposición política jugó muy escasamente en toda esta operación, si exceptuamos las conversaciones puntuales que el gobierno fue manteniendo con cierta tasa y a las que ya nos hemos referido.[20] El gobierno se reservaba ventajas considerables: la disposición transitoria primera de la ley encargaba al propio gobierno *regular* las primeras elecciones; previamente el artículo 3 le había concedido el derecho de iniciativa legislativa y en materia de reforma constitucional, a más del poder de arbitraje en caso de conflicto entre la cámara alta y la cámara baja (art. 3,2 y 4); la moción de censura no existía... En definitiva, el gobierno, emanación al cabo del monarca, que aun mediatizado por la figura del Consejo del Reino venía re-

---

19. I. Cavero, «Soberanía popular y elecciones para constituyentes», *Informaciones Políticas* (revista semanal de política nacional y extranjera), núm. 69 de 18 de septiembre de 1976.
20. G. Carcassonne y P. Subra de Bieusses, *L'Espagne ou la démocratie retrouvée*, ENAJ, París, 1978, pp. 45 y 46.

forzado por la posibilidad de recurrir al referéndum cuando lo creyera preciso (art. 5), se constituía por medio de esta ley en el gran planificador y ejecutor del cambio. A la iniciativa legislativa se le sumaba, por supuesto, la iniciativa política.

Recordemos, finalmente, las prerrogativas que la Ley Orgánica del Estado, entonces vigente, reservaba al monarca en cuanto jefe del Estado en su posibilidad de otorgar decretos-leyes, que serían empleados con cierta frecuencia en el proceso de reforma:

Tal ocurre con los dos decretos-leyes que terminan el bosquejo inicial de la reforma en materia institucional: el de 8 de febrero de 1977 reformando la Ley de Asociaciones Políticas de 14 de junio de 1976 y el de 18 de marzo de 1977 sobre las normas electorales.

a) *La reforma de la Ley de Asociaciones.* — El Decreto-ley que reformaba la Ley de Asociaciones vino a dotar de ciertas garantías jurisdiccionales al ejercicio del derecho de asociación previsto en la ley modificada. El esquema de esta última, que fue rechazada en bloque por todos los grupos políticos integrados en Coordinación Democrática (y cuya tramitación describió una de las trayectorias más pintorescas del inmediato posfranquismo), otorgaba al Ministerio del Interior facultades ilimitadas para aceptar la inscripción de cualquier asociación política: se requería una notificación previa al Ministerio de Gobernación a la que se debían acompañar una serie de documentos (acta de constitución, programa y declaración de acatamiento al ordenamiento constitucional —léase Leyes Fundamentales—); en el plazo de dos meses, el gobierno, a propuesta del ministro de la Gobernación debía inscribir la asociación o denegar su inscripción; contra la negativa procedía únicamente recurso ante el Tribunal Supremo (art. 2 y 3). El Decreto-ley que la modificaba simplificaba el trámite inicial («bastará con que los dirigentes o promotores presenten ante el Ministerio de la Gobernación acta notarial, con expresa constancia de sus datos personales de identificación y en la que se inserten o incorporen los estatutos por los que haya de regirse la asociación —art. 1, 1—), acortaba el plazo de inscripción (10 días) y, en caso de presunción de ilicitud penal por parte del Ministerio, elevaba la documentación al Tribunal Supremo que debía pronunciarse en un plazo de treinta días.

En cualquier caso, de nuevo se trató más de un cambio de actitud política que de una modificación legislativa. Tras los contactos mantenidos con el gobierno todos los partidos se apresuraron a presentar sus actas de constitución y estatutos acogiéndose a la nueva normativa y todos ellos fueron inscritos con la excepción del Partido Comunista de España y demás grupos políticos situados a su izquierda. Ahora bien, el fracaso de la anterior ley se debió básicamente a que estaba concebida precisamente para excluir al PCE: se hacía conveniente, pues, proceder con el necesario tiento a su legalización, cosa que se hizo tras el envío de la documentación al Tribunal Supremo y la negativa de éste a pronunciarse sobre tal materia [21]

b) *La legislación electoral.* — El cuadro queda mínimamente dibujado con la promulgación del Decreto-ley de 18 de marzo de 1977 sobre normas electorales. Por un lado la aceptación de los partidos políticos de la oposición del marco de juego ofrecido por el gobierno posibilitaba a priori la contienda electoral a la vez que dejaba clara la supremacía del gobierno en la dirección de ese proceso. Era precisa la publicación de las normas que regularan tal contienda y beneficiaran las pretensiones y los intereses de los directores del cambio político.

En parte, sus directrices ya habían sido prefiguradas, según dejamos apuntado, por la Ley para la Reforma Política. La composición del Congreso de diputados y del Senado, así como los criterios básicos para su elección marcaban claramente el contenido conservador de tales normas y aun de tales cámaras: señalaban el número de 350 diputados para el Congreso que debía elegirse con criterios de representación proporcional pero aplicando «dispositivos correctores», fijando porcentajes mínimos para acceder a él y señalando a la provincia

---

21. F. RUBIO y M. ARAGÓN, *La legalización del PCE y su incidencia en el Estatuto jurídico de los partidos políticos en España*, en la obra colectiva *Teoría y práctica de los partidos políticos*, EDICUSA, Madrid, 1977, pp. 219-237.

como circunscripción electoral con un mínimo de diputados para cada una de ellas; el número de senadores elegibles era el de 207 (sin contar con la quinta parte que podía nombrar directamente el rey) con arreglo a criterios basados en el escrutinio mayoritario. Pues bien, el Decreto-ley, al margen de su extenso artilugio técnico, estableció definitivamente el sistema por el que habían de regirse las primeras elecciones generales a las nuevas Cortes.

Tal disposición podemos resumirla en los siguientes rasgos:

1) Los miembros del Congreso de diputados, teniendo como circunscripción electoral la provincia, quedaban asignados a razón de un mínimo de dos por provincia más uno por cada 144.500 habitantes o fracción superior a 70.000 (preámbulo y art. 19). Ceuta y Melilla, de acuerdo con la misma disposición, tenían derecho a un diputado cada una. El sistema electoral establecido era el de representación proporcional «con candidaturas completas, bloqueadas y cerradas», candidaturas que debían presentar los partidos políticos, federaciones de partidos o simples coaliciones electorales constituidas al efecto. La distribución de escaños se efectuaba conforme a la regla d'Hondt y podían participar en el reparto de escaños los partidos, federaciones o coaliciones que hubieran obtenido más de un 3 por ciento de los votos emitidos en la correspondiente circunscripción electoral.

A poco que se analice el antedicho sistema se percibe con facilidad a quién beneficia. Por una parte, el aseguramiento de un mínimo de diputados por provincia prima las circunscripciones menos pobladas (todas ellas de componente básicamente rural y conservador) sobre las más pobladas —industriales o semiindustriales más proclives a la izquierda—. En segundo lugar, aparte de introducir el elemento de carácter territorial (la circunscripción provincial) en un sistema que se declara proporcional (es decir, en función únicamente del número de habitantes), la desigualdad de las circunscripciones distorsiona también la propia proporcionalidad; el abultado número de las mismas de muy escasa población trae como consecuencia que en ellas el sistema proporcional no tenga los efectos propios de dicho sistema sino, por el contrario, los que corresponden al sistema mayoritario dada la pequeña variedad de opciones donde escoger (tres diputados: de hecho, pues, como mucho, pueden salir triunfantes tres partidos; aunque la regla general es que salga uno solo o a lo más dos). De todo ello, a su vez, resulta que se favorece extraordinariamente a los grandes partidos: sobrerrepresentación de las pequeñas provincias —que llega hasta el cuádruplo respecto de las grandes provincias— y sobrerrepresentación de los grandes partidos.[22]

2) Pero si el sistema electoral para el Congreso sufría estas distorsiones, las elecciones para el Senado cerraban el significado del cuadro: las precauciones adoptadas para la cámara baja se veían reforzadas en su mayor grado y expresión cuando se regulaba el reclutamiento de los senadores.

Hay que volver a insistir en el hecho de que se trataba de una cámara colegisladora con el Congreso y que el monarca se reservaba la designación de 40 miembros. Como quiera que sea, de acuerdo con el artículo 19,1 y 19,4 de las normas electorales, los distritos electorales siguen siendo los mismos que para el Congreso de diputados y cada distrito electoral elige a cuatro senadores, a excepción de los siguientes: Mallorca, Gran Canaria y Tenerife eligen tres; Ceuta y Melilla eligen dos; Menorca, Ibiza-Formentera, Lanzarote, Fuerteventura, la Palma y la Gomera-Hierro eligen uno. Con esto se quiebra la representación territorial provincial. En principio el sistema electoral era, de acuerdo con la Ley para la Reforma Política, de carácter mayoritario en sufragio universal, directo y secreto a una sola vuelta. La novedad introducida por el Decreto-ley que comentamos —a más de añadir los senadores «insulares»— consistió en la regulación de las candidaturas que *deberían* ser individuales a efectos de votación y escrutinio y *podrían* agruparse en listas a efectos de presentación y campaña electoral (art. 34,3). Introdujo también, dentro del es-

---

22. DIETER HOHLEN, *Sistemas electorales y tipos de democracia representativa*, y *La organización del sufragio*, en la obra *La ley electoral y consecuencias políticas*, CITEP, Madrid, 1977, pp. 43-58 y 65-68.

quema mayoritario, la figura del sufragio restringido consistente en que cada elector podía votar un máximo de tres candidatos para el supuesto general, de dos para el segundo de los antes mencionados y de uno en el último. Resultaban proclamados aquellos candidatos que obtuvieran más votos hasta cubrir el número de puestos correspondientes a cada circunscripción.

No es necesario hacer excesivo hincapié en la finalidad última de estas disposiciones, vigentes aún en buena parte, con las salvedades que luego se dirán:

a) La diferencia de proporción entre las diversas circunscripciones va de uno a cuarenta: los cuatro senadores de Soria, por ejemplo, representan a algo más de 100.000 habitantes; los cuatro de Barcelona a más de 4.500.000 habitantes.

b) El voto mayoritario anula por completo a las minorías por muy fuertes que éstas sean: Incluso cuando tales minorías juntas sean mayores que el partido ganador: es más, en un sistema pluripartidista, el ganador puede serlo con proporcionalmente muy escasos votos con tal que el resto esté dividido.

c) La introducción del voto limitado (tres nombres sobre cuatro candidatos, dos sobre tres...) que parecía intentar dulcificar el sistema mayoritario uninominal de hecho acentúa más los desfases producidos por éste: «el voto limitado en un sistema mayoritario como el del Senado conduce a un sistema todavía más mayoritario que el del voto uninominal».[23]

En definitiva, pues, las normas electorales están programadas a medida del proyecto de cambio y a medida de los que controlan tal proyecto. El régimen de inelegibilidades e incompatibilidades en el que no podemos entrar poco restan o añaden a lo ya indicado: normas para un proyecto muy concreto y en el que las fuerzas ajenas a su dirección poco o nada podían añadir.

c) *Otras disposiciones.* — El reconocimiento y legalización de los partidos y la promulgación de las normas electorales constituyeron los pilares básicos de la proyección concreta de la Ley para la Reforma Política. A partir de estas dos disposiciones el gobierno pasa a

23. GUY CARCASSONNE y P. SUBRA, op. cit., p. 56.

adoptar ciertas medidas que recubren este primer armazón institucional: bajo su iniciativa, las Cortes aprueban, el 1 de abril, la Ley de Regulación del Derecho de Asociación Sindical, cuyo artículo 1 declaraba la libertad de sindicación de trabajadores y empresarios, que fue completada más tarde —Decreto-ley de 2 de junio— por otra disposición que dejaba sin efecto la sindicación de carácter obligatorio establecida por la Ley Sindical de 1971. Por otro lado, y con la misma fecha de 1 de abril, un Real Decreto-ley suprime la Secretaría General del Movimiento, transfiriendo su patrimonio al Estado e incorporando a sus funcionarios, en tanto que cuerpos a extinguir, a la función pública. Finalmente, el 30 de abril y el 11 de mayo se ratifican los pactos internacionales de derechos civiles y políticos, los de derechos económicos y sociales, el de libertad sindical y protección al derecho de sindicación y el de aplicación y de los principios del derecho de sindicación y de negociación colectiva.

El campo estaba así mínimamente preparado para la contienda electoral: las reivindicaciones básicas de la oposición (amnistía, legalización de partidos y supresión del Movimiento) habían sido concedidas de forma muy peculiar, pero suficientes como punto de partida. El Real Decreto de convocatoria de elecciones, previsto en el artículo 28,1 de sus normas regulares, es publicado el 15 de abril fijando las elecciones generales para el 15 de junio del mismo año.

3.º *Las primeras elecciones generales.* — Los pasos dados en el camino de la reforma política no habían modificado sustancialmente ni la estructura ni el propio funcionamiento del régimen político. A la hora de comenzar la campaña electoral para las primeras elecciones generales a las nuevas Cortes no existía más que una pequeña infraestructura de múltiples organizaciones políticas y coaliciones electorales marcadas en su mayor parte por su precipitado nacimiento, la ausencia de programas políticos definidos, la falta de una base social estable y, en definitiva, la carencia de una articulación orgánica bien estructurada. Por otro lado, el propio proceso de reforma, en las condiciones en que había sido conducido, había conseguido arrebatar el capital político de la oposición —y especialmente del PCE—, conseguido tras muchos años de lucha contra el franquismo.

De esta forma, la contienda electoral viene caracterizada en primer término por una notable confusión en las alternativas electorales como consecuencia de la proliferación de siglas y de la escasa implantación de los partidos en el ámbito propio de unas elecciones y, por otro, porque el gobierno plantea su propio juego político a través de una coalición (UCD) que no sólo representa el éxito de un determinado proceso de transición a la democracia sino que además asegura el mantenimiento tradicional de la estructura social y de sus relaciones de poder: cambio político controlado y aseguramiento de continuidad social y económica.

Pero, simultáneamente, la época electoral supuso una variación cualitativa importante en el propio proceso de cambio puesto que permitió sacar a la palestra pública opciones políticas generales hasta entonces perseguidas. La normalización de tales alternativas hizo posible el encuentro de las diversas corrientes de izquierda mejor o peor estructuradas (principalmente PSOE, PSP, PCE), las corrientes más puramente regionalistas y nacionalistas (PNV, CDC, PSA, etc.) y las propias del campo de la derecha (democracia cristiana en sus diversas variantes, UCD y Alianza Popular, esta última reclamándose heredera del reformismo franquista, aceptando el juego democrático, pero planteando un programa claramente enfrentado al resto de las fuerzas).

Por supuesto que el contraste entre las diversas tendencias no se llevó a cabo en las mismas condiciones para todos los grupos contendientes: no sólo fueron distintas sus posibilidades de financiamiento sino también muy diversos los apoyos internacionales recibidos.[24] Apoyos que se distribuyeron muy desigualmente tanto en función de las opciones generales como también por la aparición y entrada de los ya mencionados partidos re-

---

24. P. Letamendía, *L'intervention des organisations partisanes transnationales dans le processus de démocratisation espagnol*, Centre d'études et de recherche sur l'Espagne et le Monde Hispanique, Burdeos, 1978.

gionales o nacionales circunscritos en su actividad y candidaturas a determinadas áreas electorales coincidentes con las regiones y nacionalidades históricas.

Si descrito a grandes rasgos éste era el panorama de las fuerzas organizadas en la contienda electoral no mucho más clara era la situación del país en relación con las mencionadas alternativas: la crisis económica, ante la cual el gobierno no había adoptado ningún tipo de reacción tanto por causas electorales como de consciente representación de determinados intereses sociales, afectaba muy duramente a sectores cada vez más amplios de la población. Desde el año anterior el crecimiento económico había caído definitivamente, el aumento del coste de la vida superaba con creces al sufrido por los demás países de la OECE y el desempleo se acercaba peligrosamente al millón de parados.[25] Esta situación, heredada en su mayor parte, obedecía a causas internas e internacionales: en la primera perspectiva primaban sobre todo las condiciones políticas desatadas con la propia crisis del franquismo evidenciada tras la muerte de Carrero Blanco a finales de 1973 que incidió decisivamente en el agotamiento del modelo económico desarrollista de los años sesenta; en el segundo, la economía española había ya recibido el impacto de la crisis económica del capitalismo internacional, en su aspecto de crisis energética, abierta espectacularmente en el segundo semestre de 1974.[26]

A estos aspectos económicos se les entrelazaban inseparablemente los grandes temas de la transición política: el alcanzar las mínimas condiciones de aseguramiento democrático, la apertura de un proceso constituyente y el tratamiento de las nacionalidades y regiones como elemento trascendental para una nueva articulación territorial del poder político y, en definitiva, para un cambio de régimen. En pocas palabras: bajo el punto de vista político, con las elecciones generales volvía a

---

25. Según la «Encuesta de población activa» efectuada por el INE, en el segundo trimestre de 1977 había 855.000 parados (Informe Anual del Banco de España, de 1977, Madrid, 1978, p. 89).
26. L. García Delgado y J. Segura, *Reformismo y crisis económica. La herencia de la dictadura*, Saltés, Madrid, 1977, pp. 40 y 41.

tomar cuerpo y sentido, desde la perspectiva de la oposición y en general de las fuerzas políticas que se habían enfrentado al franquismo, el objetivo de la «ruptura política». Esta vez, sin embargo, matizada porque la vía ya estaba marcada desde la legalidad gubernamental y del propio sistema.

De forma que, globalmente consideradas, todas las alternativas presentes que se ofrecían al electorado tenían una gran parte de elementos comunes que giraban en torno —con mayor o menor claridad— a esos tres objetivos mencionados: democracia, proceso constituyente y reconocimiento de las «peculiaridades regionales». En cambio, los elementos diferenciadores, aparte de cuestiones puntuales concretas, se insertaban más en el esfuerzo por «individualizar» al partido o coalición correspondiente que en presentar un programa con convencimiento de realización inmediata o, en otros términos, con la seguridad tanto del partido como del electorado potencial de que tales promesas iban a poder formar parte de un concreto programa de gobierno: los techos políticos estaban lo suficientemente delimitados para el electorado como para poder pensar en un cambio radical de la situación política y social mediante la utilización de las urnas.

De ahí que las referencias propagandísticas giraran con preferencia en el deseo de identificarse con las corrientes democráticas europeas pertenecientes a las distintas varetas del abanico político, en primer término, y, casi por igual, en una carrera por la identificación personalista del grupo o coalición con su(s) líder(es).

El colofón de todo lo expuesto, en el doble punto de referencia utilizado, se tradujo en el comienzo de formación de un presistema de partidos políticos, algo más delimitado pero no ultimado tras las elecciones, y en la plasmación de un deseo palpable de transformación política por parte del conjunto de la sociedad española.

Los resultados así lo evidenciaron. La victoria electoral fue básicamente bicéfala: el éxito se repartió entre la coalición gubernamental (UCD) y el PSOE.[27]

---

27. Véase G. CARCASSONNE y P. SUBRA, op. cit.

Pese a todo, los grandes problemas seguían en pie. Las dos alternativas victoriosas no se perfilaban únicas: el viejo sueño canovista de un partido en el gobierno y una oposición corresponsable no se había alcanzado tanto porque el pluripartidismo había adquirido un primer asentamiento como porque la segunda de las fuerzas triunfantes en las elecciones no quería —ni probablemente podía— asumir un tan comprometido papel. Por otra parte, conviene volver a insistir en ello, los partidos nacionalistas habían adquirido un relieve decisivo en sus respectivas áreas y aun los llamados «estatales» habían lanzado como puntos principales de su programa reivindicaciones de corte nacionalista o regionalista. Finalmente, la situación seguía siendo provisional: las nuevas Cortes habían de tener la palabra en el proceso de democratización, en el de otorgar una nueva Constitución y en el de otorgar un estatuto político especial a las regiones y nacionalidades y por ende reestructurar —o intentar reestructurar— el Estado.

De tal forma que todo el complejo problema de la situación política española seguía presente cuando se constituyen las nuevas Cortes salidas de las elecciones, en el mes de julio siguiente.

2. La Constitución española de 1978

Gestación del texto constitucional. — Tras un largo proceso de creación, iniciado inmediatamente después de las elecciones generales de 1977, la Constitución española, ahora en vigor, fue aprobada por referéndum nacional el día 6 de diciembre de 1978 y sancionada por el rey el día 27 del mismo mes.

El trámite seguido hasta ese instante había sido, efectivamente, demasiado prolijo y extenso. Su base jurídica, una vez más, había partido de las previsiones dictadas por la Ley para la Reforma Política en su artículo 3, regulador del ejercicio del derecho de iniciativa de reforma constitucional, y se había adecuado a las normas provisionales dictadas por el presidente de las Cortes para el funcionamiento de las cámaras una vez que aquéllas quedaron constituidas.[28] Su arranque político nacía de una decisión del Congreso de los diputados (tras los rumores de que el gobierno tenía la intención de ejercer la iniciativa en esta materia presentando un proyecto de constitución) tomada el 27 de julio en que se llega al acuerdo de constituir la comisión constitucional del Congreso quien, a primeros de agosto, elige a una ponencia encargada de redactar un anteproyecto que, después de una serie de incidentes, queda formada por tres diputados de UCD, uno del PSOE, uno del PCE-PSUC, uno de la Minoría Catalana y uno de Alianza Popular [29] y tiene su primera reunión el 22 de agosto.

Dicha ponencia para sus trabajos había arrancado a su vez de dos puntos de acuerdo: el primero relativo al procedimiento de discusión, basado en que no hubiera un proyecto único sino que cada ponente presentara un texto en cada sesión del que se escogía el que pudiera servir de base a la discusión [30] y en mantener el secreto de las deliberaciones. El segundo, más de fondo, hacía referencia a unos puntos mínimos que todos los ponentes convinieron en respetar y en reflejar en el texto que les había sido encomendado: surgió así el conocido «consenso» en la discusión constitucional que luego se ampliaría a otros muchos temas y sobre el que volveremos a referirnos en páginas siguientes.

Después del borrador (filtrado a la opinión pública el 25 de noviembre de 1977) se publicaron un primer anteproyecto creado por la citada ponencia (Boletín Oficial de las Cortes de 5 de enero de 1978) y posteriormente un segundo (BOC de 17 de abril de 1978) que, junto con los votos particulares de los distintos grupos

---

28. Véase «Disposiciones de la Presidencia de las Cortes sobre Grupos Parlamentarios. Elecciones para órganos mixtos, nombramiento de Comisiones y constitución definitiva de la Cámara» (BOCE, n.º 1.583, p. 38143) y sobre Juntas preparatorias y constitución interina (BOCE, n.º 1.581, p. 38131).
29. G. PECES BARBA, *Los socialistas y la Constitución*, en la obra colectiva citada, pp. 15-18. Igualmente efectúa un relato de la formación y organización de los trabajos de la ponencia, J. Solé Tura en *Los comunistas y la Constitución*, Forma, Madrid, 1978, pp. 15-17.
30. G. PECES BARBA, *op. cit.*, p. 6.

parlamentarios representados en ella, pasó a ser discutido por la comisión de asuntos constitucionales y libertades públicas del Congreso, quien emitió dictamen (BOC de 1 de julio de 1978) y aprobado, tras el período de presentación de enmiendas, por el Congreso de los diputados en su sesión de 21 de julio. El nuevo texto, en forma de proyecto, pasó a la comisión constitucional del Senado, y su dictamen introdujo también modificaciones (BOC de 6 de octubre de 1978) que en su mayoría fueron, junto con otras nuevas, aprobadas por el Senado el día 9 de octubre. Dadas las diferencias entre el texto aprobado por el Congreso y el aprobado por el Senado, debió pasar a la comisión mixta Congreso-Senado quien le dio su definitiva redacción (28 de octubre de 1978).

Tales fueron, en síntesis, los trámites seguidos en la laboriosa creación del texto constitucional. En ese período, sin embargo, los acontecimientos políticos se habían ido superponiendo al propio proceso de discusión constitucional: las oleadas de terrorismo,[31] la ampliación del consenso entre los distintos grupos parlamentarios, la participación muy activa de la prensa y de los grupos de presión, habían conseguido una presencia destacable en el debate de la Constitución. Algún autor ha comentado que ha sido la Constitución española en que el conjunto social ha tenido una mayor participación[32] y eso a pesar de las limitaciones que impuso el carácter secreto inicial de las deliberaciones y de la pasividad en muchos momentos del conjunto de la población.[33]

Se nos hace imposible efectuar aquí una crónica detallada de la multiplicidad de sucesos y aun de factores que concurrieron en el proceso constitucional dado

---

31. J. M.ª MOHEDANO y M. PEÑA, *Constitución: cuenta atrás*, Ed. Casa de Campo, Madrid, 1978, espec. *Cuadro I* del apéndice de dicha obra («Democracia y terrorismo»), pp. 120-123.

32. E. TIERNO GALVÁN, «La Constitution, cristallisation contradictoire d'un rapport de forces», en «L'Espagne démocratique», *Pouvoir*, n.º 8, 1979 («La primera particularidad que quiero subrayar es que la Constitución, tanto en la esfera social como política, ha sido la más debatida de cuantas España ha conocido»), p. 123.

33. P. LUCAS VERDÚ, «La singularidad del proceso constituyente español», *R.E.P.*, Madrid, n.º 1 (nueva época), enero-febrero de 1978, en la sección II de su artículo («Anteproyecto constitucional y opinión pública»), pp. 17 y ss.

no sólo el necesario esquematismo de estas líneas sino también, y muy especialmente, el deseo de fijarnos en la descripción y comentario del diseño político creado.

Tras los resultados del referéndum constitucional,[34] si el mecanismo de amplio consenso utilizado había permitido hacer llegar a buen término un texto de cierto compromiso y, en cuanto tal, aceptado por la práctica generalidad de fuerzas políticas, en cambio había restado fuerza a la otra faceta del proceso constituyente (y de cualquier proceso legislativo parlamentario) cual era la capacidad de integración o de creación de legitimación.

Los planteamientos constitucionales de los principales temas. — Ciñéndonos a las posturas mantenidas primero por los ponentes y después por los distintos grupos parlamentarios en lo tocante a los temas de fondo que se iban a plasmar en la Constitución, podemos recoger los que dieron lugar a los principales debates y las posturas más encontradas:

a) La forma de gobierno: monarquía o república.
b) Las relaciones Iglesia (católica)-Estado.
c) La estructura del Estado: Estado unitario, federal o de autonomías políticas o administrativas.
d) Los poderes del jefe del Estado y del ejecutivo en relación con los poderes del Parlamento.

Como se ve, sólo el último de los temas reseñados es uno de los aspectos «clásicos» de cualquier constitución moderna en sentido estricto. En los demás se venían a reproducir en la discusión constitucional viejos e irresueltos problemas históricos que ya habían sido abordados por la Constitución de la II República y aun por el propio régimen republicano. Y todos ellos sufrieron las oscilaciones por las que discurrió el debate y la creación constitucional.

a) El primero de los aspectos indicados *(la alternativa monarquía-república)* se hallaba ya decidido mucho antes de iniciar el proceso constituyente. Convertido el

34. Véase resultados en el apéndice documental.

monarca en impulsor y director en último extremo del cambio y convertido asimismo en órgano de cobertura del propio proceso político de transición, había jugado con claridad la carta de buscar una nueva y más permanente legitimación que la adquirida del régimen anterior.

Efectivamente, lo que estaba en juego, como tempranamente lo puso de manifiesto una de las fuerzas políticas de credo republicano,[35] era el tránsito de una dictadura a una democracia y no la transformación de una monarquía en república. O, dicho en otros términos: todas las fuerzas políticas partidarias del tránsito a la democracia —incluidas las republicanas y especialmente éstas— tenían muy presente que uno de los costos de la transición residía en la aceptación de la forma monárquica del Estado. Se trataba, no obstante, de una cuestión que afectaba de forma muy directa a los propios postulados políticos de dos de los partidos presentes en la ponencias (socialistas y comunistas) y les planteaba graves problemas no sólo en la forma sino también en el fondo. La alternativa presente basculaba de hecho entre abrir un gran debate de ámbito nacional sobre dicho tema o aceptar la monarquía, en un momento en que la situación política no era especialmente estable. De ahí las resistencias —muchas veces sólo verbales— producidas en el seno mismo de la ponencia y de ahí también la aceptación final de la forma monárquica.

Pese al desencanto de algún comentarista extranjero sobre la aparente facilidad con que las fuerzas de izquierda habían transigido en dicho tema [36] más trascendencia ofrecía el «tipo» concreto de monarquía que debía ser diseñado. Pero sobre esto volveremos más tarde.

Decidida, pues, la forma de gobierno se tradujo por último en el definitivo artículo 1,3 de la Constitución bajo el siguiente redactado: «La forma política del Estado español es la monarquía parlamentaria.»

---

35. J. Solé Tura: *Los comunistas...*, op. cit., pp. 69-70.
36. P. Subra de Bieusses: «Ambigüités et contradictions du statut constitutionnel de la Coronne», en «L'Espagne démocratique», *Pouvoir*, n.º 8, París, 1979, p. 109.

b) Mayor interés ofreció la cuestión, también histórica, de la plasmación constitucional de *las relaciones Iglesia-Estado*. En el primer borrador constitucional filtrado en la prensa se indicaba en su artículo 3 que «El Estado español no es confesional», que venía a determinar la radical separación entre Iglesia y Estado aunque sin las extremosidades de las previsiones de la Constitución republicana (disolución de órdenes religiosas con voto de obediencia a autoridad distinta a la del Estado español). Pero ya en el anteproyecto publicado el 5 de enero esa mención de aconfesionalidad desaparece para dar entrada a un más diluido artículo 16 en el que se expresaba dentro del capítulo de las libertades públicas, junto a la garantía de «la libertad religiosa», un nuevo matiz: artículo 16,3: «Ninguna confesión tendrá carácter estatal. Los poderes públicos tendrán en cuenta las creencias religiosas de la sociedad española y mantendrán las consiguientes relaciones de cooperación». En el anteproyecto definitivo (el publicado en el mes de abril) se añadía una nueva mención, esta vez con el número 15 del articulado, párrafo tercero: «Ninguna confesión religiosa tendrá carácter estatal. Los poderes públicos tendrán en cuenta las creencias religiosas de la sociedad española y mantendrán las consiguientes relaciones de cooperación *con la Iglesia católica y demás confesiones*». Esta nueva redacción, ratificada por la comisión constitucional del Congreso (art. 15,3), fue la que pasó al texto definitivo de la Constitución en su artículo 16,3.

Cierto que ésta fue la forma externa de un debate más profundo. La supresión de la aconfesionalidad del Estado carece formalmente de relevancia constitucional y política (aunque no ideológica); por el contrario, la mención expresa a la Iglesia católica tenía un significado político muy claro como por lo demás se puso de manifiesto tanto en el debate interno de los distintos órganos que discutieron la Constitución como de los diversos medios de comunicación en que se vertieron las opiniones tanto de la Iglesia como de los grupos sociales y políticos ligados a la misma. El más importante, sin duda, radicó en el referido a uno de los cotos tradicionales de actuación eclesiástica tanto por su importancia de creación de ideología como por el peso económico que para la institución eclesial ha venido comportando: la enseñanza. Porque el verdadero caballo de batalla radicó en el tema de la libertad de enseñanza, expresado en el artículo 27.[37]

Con ello la Iglesia conseguía una definitiva garantía para seguir ocupando sus centros de poder docente y aun de crear libremente cuantos otros creyera necesarios dentro de sus posibilidades. Centros docentes (que no sólo escuelas) y por tanto abarcar toda la gama de la enseñanza hasta llegar a la universidad.

Nuevamente en este aspecto las posturas de los partidos políticos se bipolarizaron en un esquema simple de derecha-izquierda. En términos generales, socialistas y comunistas defendieron el principio tanto de la aconfesionalidad expresada en la Constitución como de la enseñanza pública; UCD y Alianza Popular, intérpretes de la jerarquía eclesiástica, mantuvieron el texto (con algunos escasos rasgos de compromiso con las otras fuerzas) que se plasmó definitivamente.

c) Otro de los grandes puntos del debate constitucional giró en torno a la *estructura del Estado*. En él se mezclaron posiciones del más diverso signo que abarcaban proyectos de corte federal, organización de las autonomías políticas y medidas de simple descentralización administrativa. El problema era tanto mayor cuanto en los propios partidos políticos —a pesar de haber producido declaraciones programáticas de contenido suficientemente definido— se entrecruzaban corrientes internas que restaban claridad a sus respectivas posiciones.

Sin duda —insistamos en ello— el problema no sólo era importante sino que respondía a toda una tradición histórica irresuelta del Estado español que periódicamente ha venido emergiendo bajo formas e intensidades

---

37. *Art. 27 de la Constitución:*
   Apartado 3.°: «Los poderes públicos garantizan el derecho que asiste a los padres para que sus hijos reciban la formación religiosa y moral que esté de acuerdo con sus propias convicciones».
   Apartado 6.°: «Se reconoce a las personas físicas y jurídicas la libertad de creación de centros docentes, dentro del respeto a los principios constitucionales».

diversas.[38] En una de sus obras, González Casanova expresaba de forma muy contundente su trascendencia: «El Estado democrático futuro sólo podía surgir para ser verdadero, para no ser una simple ficción jurídica y superestructural, de la realidad popular, plural y específica, que forman los pueblos de España. La culminación lógica de un proceso federativo de abajo arriba, como quería Pi y Margal, no podía ser otro que la constitución de un Estado basado en el autogobierno de sus comunidades y en la solidaridad entre todas ellas».[39]

Como era de esperar, fue el aspecto que más enfrentamientos produjo entre los diversos grupos y que estuvo a punto de hacer fracasar el intento de conseguir una constitución pactada por las fuerzas políticas más representativas. Tampoco en este caso podemos detenernos en su descripción detallada. Baste decir que el resultado del acuerdo —en el que no participó finalmente AP— dio nacimiento al título VIII, uno de los más complejos, ambiguos y hasta contradictorios de la propia Constitución.

b) Por último, se hallaba un tema a nuestro juicio básico para entender la naturaleza de la Constitución actual y el tipo de fuerzas que pretendía hacer pervivir en la dirección del Estado: por un lado hacía referencia a *los poderes del jefe del Estado (monarca)* y, por otro, a *los poderes del gobierno en relación con los poderes del Parlamento*. Se trataba, en resumidas cuentas, de cómo plasmar el viejo concepto de soberanía o, mejor dicho, qué tipo de soberanía se iba a concretar en el reparto de competencias y facultades. Las posturas de los distintos partidos variaron en un primer término respecto de los poderes que había de tener el monarca

---

38. Véase bibliografía en la obra colectiva «La izquierda y la Constitución», *Taula de Canvi*, Barcelona, 1978, a cargo de M. GERPE e I. PITARCH («Autonomía de Catalunya. Nota bibliográfica sobre aspectos político-institucionales»), J. M. CASTELL ARTECHE («Autonomía vasca»), A. ALFONSO BONZO («Apuntes en torno a la bibliografía del galleguismo»), y LL. AGUILÓ LUCÍA («La autonomía y el País Valenciano», pp. 199-236).

39. J. A. GONZÁLEZ CASANOVA, *La lucha por la democracia en Catalunya*, Dopesa, Barcelona, 1979, p. 17.

y se volvieron parcialmente a recomponer en relación con los poderes del ejecutivo.[40]

A través de los diversos anteproyectos y proyectos se fueron disminuyendo los poderes otorgados al monarca hasta quedar en la regulación definitiva.[41]

Este acuerdo entre las diversas fuerzas políticas, obvio es decirlo, se obtuvo partiendo de presupuestos distintos: los sectores de credo republicano por su intento de desposeer al rey de cualquier poder decisorio tanto en el desarrollo de la Constitución como de la vida política concreta; los sectores monárquicos —y muy especialmente Alianza Popular— para evitar que el monarca se viera envuelto en las luchas políticas diarias con el consiguiente desgaste de la legitimidad constitucional (de su poder de árbitro y moderador como se indica en la Constitución) y poner en peligro la propia institución monárquica.

En cuanto a la distribución de poderes entre el ejecutivo y legislativo, las intenciones fueron claras. En el primer anteproyecto las fuerzas de la derecha (AP y UCD) habían forzado la introducción de un par de mecanismos (art. 73) que privaban de virtualidad al régimen parlamentario: con el *principio de reserva negativa de ley y reserva reglamentaria* importado del sistema francés (y heredero en definitiva de lo previsto en la Ley de Cortes del régimen franquista) se prescribía que las Cortes sólo podían legislar sobre determinadas materias fuera de las cuales sería el gobierno quien dictara las oportunas normas; se introducía así no sólo un campo amplísimo de competencias gubernamentales de carácter materialmente legislativo en perjuicio del Parlamento sino además una importante fuente de conflictos entre ambos poderes. En la segunda redacción del anteproyecto desapareció tal figura para mantener, sin em-

---

40. J. Solé Tura, *Los comunistas y la Constitución*, Forma, Madrid, 1978, pp. 87-93. G. Peces Barba, *Los socialistas y la Constitución, op. cit.*, p. 12. M. Fraga Iribarne, *La Constitución y otras cuestiones fundamentales*, Planeta, Barcelona, 1978, especialmente, pp. 25 a 27 y 157 a 161. O. Alzaga Villamil, *La Constitución Española de 1978*, Ed. del Foro, Madrid, 1978, especialmente pp. 371-380; 382-387 y 663-702.

41. I. de Otto, *Sobre la monarquía*, en la obra colectiva cit., *La izquierda y la Constitución*, pp. 54-61.

bargo, una que también había estado presente en el primero: la llamada *moción de censura constructiva* en cuya virtud el Parlamento no puede hacer dimitir al gobierno a no ser que la moción de censura sea aprobada por la mayoría absoluta del Congreso de diputados y a ella se acompañe el nombre del primer ministro que debe sustituir al que presida el gobierno dimisionario.

En definitiva, con estos y otros mecanismos que analizaremos en su momento, se reforzó profundamente el margen de maniobra del gobierno, configurando un modelo constitucional que pretendía un ejecutivo fuerte, relativamente independiente del Parlamento y que, en resumen, se constituyera no sólo en el motor del Estado sino en el centro de imputación última de todo el complejo de su funcionamiento.

Caracteres generales del texto constitucional. — Huyendo de las clasificaciones tradicionales al uso por no ser ésta nuestra orientación (constituciones flexibles o rígidas, originarias o derivadas, ideológico-pragmáticas o utilitarias, normativas, nominales y semánticas, etc.) sí nos interesa en cambio ofrecer unas primeras caracterizaciones generales o sobre determinados aspectos del texto constitucional definitivo aun a costa de perder una cierta sistematicidad en la exposición.

El primero de ellos radica en la evidencia de que la Constitución española perfila un régimen político, tanto en su parte orgánica como en el reconocimiento de derechos y libertades y sus garantías, del todo homologable —por usar la ambigua palabra al uso— con el existente en las democracias occidentales europeas. Conocido el primer anteproyecto constitucional, el profesor De Vega lo ponía ya de manifiesto: «En términos generales cabe indicar que el proyecto de Constitución que, actualmente, se está discutiendo en España se adapta, sin demasiadas singularidades, al esquema democrático-parlamentario clásico consolidado en Europa en las llamadas "democracias occidentales"».[42] Cuestión, por lo demás,

42. P. de Vega, *Los órganos del Estado en el contexto político institucional del proyecto de Constitución* en la obra *La Costituzione Spagnola nel trentennal della Costituzione italiana*, Arnaldo Forn, Bolonia, 1978, p. 9.

casi obvia teniendo en cuenta tanto los propósitos políticos como la propia naturaleza del proceso de reforma.

En este mismo punto incide un segundo aspecto: el régimen político reflejado en la Constitución toma sus principales mecanismos de fuentes constitucionales europeas de distinto origen. Herrero de Miñón, tras distinguir en dicho aspecto entre «recepción normativa» (formal y material) y «recepción doctrinal» destacaba cómo incluso en las opciones políticas fundamentales recogidas en el texto constitucional español («articulación de la nación soberana y única con una pluralidad de nacionalidades autónomas; la construcción de un Estado social de derecho; la monarquía parlamentaria como forma de Estado») se habían producido tanto una como otra.[43]

Influencias, pues, evidentes que los propios ponentes pusieron de manifiesto en más de una ocasión: la ya descrita moción de censura constructiva, el modelo de tribunal constitucional, la figura *sui generis* del defensor del pueblo, etc., son tantas otras muestras de este carácter de recepción a veces literal que a más de un autor le ha dado pie para denunciar la escasa originalidad del texto[44] y aun de atribuirle un carácter mimético respecto de los textos constitucionales europeos.

Sin embargo, no creemos que tal recepción de fuentes extranjeras sea determinante en el carácter político interno de la Constitución española. Más interesante sería en cambio investigar por qué determinadas instituciones se importan de determinados textos constitucionales y no de otros. Y en este sentido se llega, al menos, a la conclusión provisional, relativamente clarificadora, de que la importación de determinadas instituciones ha servido para configurar de una específica forma el régimen político pretendido en la Constitución: la amplitud del reconocimiento de derechos y libertades junto con el prolijo sistema de garantías —sustancial-

---

43. M. HERRERO DE MIÑÓN, *Les sources étrangères de la Constitution*, en la *op. cit.*, *L'Espagne démocratique*, pp. 97-107.
44. P. LUCAS VERDÚ, *La singularidad del proceso constituyente...*, *op. cit.* p. 29. S. VARELA DÍEZ, *La Constitución española en el marco del Derecho Constitucional comparado*, en la obra colectiva *Lecturas sobre la Constitución española*, UNED, Madrid, 1978, vol. I, especialmente pp. 18 a 26.

mente adoptado de la Constitución italiana— ofrece un primer carácter «progresivo» que se ve inmediatamente contrapesado por la fijación del juego de los poderes (y en concreto del ejecutivo) propios de la Constitución alemana y francesa.

Tal modelo político mantiene y recoge las grandes instituciones de los regímenes parlamentarios: la división-colaboración entre poderes, el instituto de la representación (y aun las limitaciones al ejercicio de la mal llamada democracia directa), el principio de legalidad con el consiguiente sometimiento formal de la administración y el amplio repertorio de derechos y libertades individuales y sociales, el substrato básico del capitalismo (economía de mercado constitucionalizada), el reconocimiento de una clase política por mediación de la constitucionalización de los partidos políticos y el cuadro ideológico de un liberalismo avanzado mediante la introducción y desarrollo del concepto de «Estado social y democrático de derecho». Desde una óptica formal, además, el régimen participa del parlamentarismo monista clásico y del régimen de gabinete: se han tomado las debidas precauciones para que, según dejamos dicho, no opere la moción de censura, se facilite la cuestión de confianza y se abra la puerta por completo a la potestad de disolución del Parlamento.

Por otro lado, nos encontramos ante una constitución extensa y prolija en ocasiones —parca en otras muchas— en la regulación de determinados aspectos. Sus ciento sesenta y nueve artículos, divididos en diez títulos, más las nueve disposiciones transitorias, la disposición derogatoria y la disposición final la sitúan como uno de los textos actuales más largos. Amplitud que manifiesta en su contenido un deseo expreso, por un lado, de incluir disposiciones que muy bien pudieran haberse dejado a la legislación ordinaria y, por otro, el intento, muchas veces evidente, de conformar no sólo el modelo político sino también el propio conjunto social.[45]

Es también una *constitución inconcreta* (o, si se prefiere, ambigua). Esta connotación que se deriva de su

---

45. Así, por ejemplo, el artículo 38: «Se reconoce la libertad de empresa *en el marco de la economía de mercado*».

frecuente remisión a leyes orgánicas para su desarrollo, se ha imputado al hecho mismo del consenso que imponía una cierta vaguedad e imprecisión en las afirmaciones o normas constitucionales en aras de la conformidad unitaria de las distintas fuerzas políticas que habían intervenido en su redacción. Inconcreción y ambigüedad que se acentúan en aquellos extremos en que la posibilidad de acuerdo era menor (por ejemplo, en el de las autonomías) pero que tampoco predetermina un juicio sólo negativo sobre la misma. De hecho, la inconcreción, la ambigüedad e incluso los preceptos vacíos de contenido (como ha puesto de relieve Rubio Llorente)[46] la sitúan en el ámbito de las *constituciones abiertas*. Y, por otra parte, la remisión a leyes orgánicas (además de la abundante crítica que tal figura ha sugerido)[47] incluso en materia de órganos constitucionales básicos, ha hecho decir que, al requerir únicamente la mayoría absoluta del Congreso, «el legislativo español va a ser un legislativo *sui generis*», porque «el Congreso adquiere la facultad de actuar como una especie de constituyente de carácter permanente».[48] Y, sin embargo, sigue siendo válido el juicio de J. Solé Tura: tras señalar precisamente las diversas ambigüedades de la Constitución, afirmaba que su valoración global había de ser positiva porque «esta Constitución, con todos sus defectos, constituye un serio paso adelante en el proceso de democratización y de transformación de la sociedad».[49]

Cabe, pues, proceder al análisis del proyecto de ordenación política que la Constitución perfila en sus elementos más significativos.

46. F. Rubio Llorente y M. Aragón Reyes, «Enunciados aparentemente vacíos en la regulación constitucional del control de constitucionalidad», en *R.E.P.*, núm. 7 (nueva época), dedicado a las Garantías Constitucionales, Madrid, enero-febrero, 1979, pp. 161-169.
47. G. Trujillo, «Juicio de legitimidad e interpretación constitucional: cuestiones problemáticas en el horizonte constitucional español», *R.E.P.*, núm. 7 cit., pp. 145-159.
48. P. de Vega, *op. cit.*, p. 15.
49. J. Solé Tura, *Los comunistas...; op. cit.*, p. 107.

Sección II

EL SISTEMA POLÍTICO CONSTITUCIONAL

1. PRINCIPIOS GENERALES, EL ESTADO SOCIAL Y DEMOCRÁTICO DE DERECHO Y LA REGULACIÓN DE LOS DERECHOS Y LIBERTADES

PRINCIPIOS GENERALES DE LA CONSTITUCIÓN (TÍTULO PRELIMINAR). — Con referencia a las disposiciones que integraban los «principios generales de la Constitución» en el anteproyecto (ahora en el texto constitucional denominados «título preliminar») señalaba Lucas Verdú su carácter de «fórmula política de la Constitución que, a nuestro juicio, es la expresión ideológica, jurídicamente organizada en una estructura social».

Efectivamente, los nueve artículos del título preliminar (sin entrar en si esta nueva nomenclatura es más acertada o no que la anterior) tienen mucho de fórmula política general: enuncian una serie de valores que se pretende deben impregnar la generalidad del texto, la organización política, el ordenamiento jurídico y la actividad concreta del Estado. Todos esos principios participan, en distinto grado y con diversa significación, de los caracteres que acabamos de apuntar.

Pues bien, este título preliminar o «pórtico», con ese contenido «utópico» en alguno de sus aspectos,[1] y demás caracteres que se le pueden añadir, creemos que debe sistematizarse atendiendo a los rasgos predominantes de cada precepto en los siguientes apartados:

1.º *Definición teórica del Estado y valores que lo informan.* — Estado social y democrático de derecho; valores superiores del ordenamiento jurídico: libertad, justicia, igualdad y pluralismo político (art. 1,1).

---

1. O. ALZAGA VILLAMIL, *La Constitución española de 1978, op. cit.*, p. 72. L. SÁNCHEZ AGESTA, *La Constitución Española. Edición comentada*, C.E.C., Madrid, 1979, p. 21.

2.º *Principios de organización política:* Soberanía popular (art. 1,2); monarquía parlamentaria como forma política del Estado (art. 1,3); unidad e indisolubilidad de la nación española (art. 2); autonomía de las nacionalidades y regiones (art. 2); solidaridad de las nacionalidades y regiones (art. 2); lengua oficial del Estado y lenguas oficiales de las comunidades autónomas (art. 3); bandera de España y banderas de y en las nacionalidades y regiones (art. 4); capitalidad del Estado (art. 5); funciones y organización de los partidos políticos (art. 6); ídem de los sindicatos y organizaciones patronales (art. 7); funciones de las fuerzas armadas (art. 8).

3.º *Principios informadores del ordenamiento jurídico* (art. 9,3): legalidad, jerarquía normativa; publicidad de las normas; irretroactividad de las disposiciones sancionadoras no favorables o restrictivas de derechos individuales; seguridad jurídica; responsabilidad de los poderes públicos; interdicción de la arbitrariedad de los poderes públicos.

4.º *Principios informadores de la actividad concreta del Estado (poderes públicos)*: Sometimiento a la Constitución y al resto del ordenamiento jurídico (obligación que también comparten los ciudadanos) (art. 9,1); promoción de las condiciones necesarias para hacer efectivas la libertad y la igualdad de los individuos y sus grupos sociales (art. 9,2); remoción de los obstáculos que impidan o dificulten su plenitud (art. 9,2); facilitar la participación de todos los ciudadanos en la vida política, económica, social y cultural (art. 9,2).

La mera clasificación de los diferentes principios apuntados pone de relieve, en primer término, su diversidad tanto de naturaleza como de fines pretendidos; en segundo plano, también manifiesta su escasa coherencia interna tanto desde el punto de vista estrictamente jurídico constitucional (se hace dificultoso apreciar en esa perspectiva la ilación posible entre tan heterogéneos apartados) como desde el punto de vista de su voluntad política.

Ahora bien, tal vez una de las características de nuestro texto constitucional sea precisamente la de su heterodoxia. O en otros términos: que la aplicación genérica de esquemas provenientes de la teoría dogmática pueden ser escasamente relevantes a la hora de encontrar el significado (y por lo tanto su adecuada interpretación y consiguiente aplicación o aplicabilidad) de dicho texto tanto en su vertiente de documento jurídico supremo como de esquema de organización estatal. La razón fundamental de tal connotación se encuentra en el propio contexto político y jurídico en que la Constitución se elabora y finalmente se promulga: una fase de transición inestable desde una dictadura a una potencial democracia, partiendo de la legalidad anterior (y parcialmente de la legitimidad), pero simultáneamente negándola.

No obstante lo indicado, conviene abordar con cierta extensión el núcleo central de lo que nuestra Constitución propone como modelo genérico de Estado: el Estado social y democrático de Derecho.

El Estado social y democrático de Derecho

La primera observación que debe efectuarse en torno a la figura que introduce nuestra actual Constitución en su artículo 1.º 1 («España se constituye en Estado social y democrático de Derecho que propugna como valores superiores de su ordenamiento jurídico la libertad, la justicia, la igualdad y el pluralismo político») es la referida a la doble vertiente que habita en esta prescripción constitucional: la que contiene el texto («proposición normativa») y la que se desprende del orden material de las cosas («realidad política», en este caso).

De esta forma, se puede convenir que el concepto de Estado social y democrático posee en nuestra Constitución una textura suficientemente precisa (aunque, por definición, incompleta); tampoco es demasiado difícil afirmar que la realidad política y social presenta muy serias resistencias (por no decir, imposibilidades) a identificarse con dicho modelo normativo.

Esta contraposición inicial, que luego desarrollaremos, se plantea como necesaria por cuanto existe una cierta tendencia general a explicar el sistema político por lo que «dice» la Constitución; a seleccionar de manera adecuada y sistemática las partes que armónicamente integran tal dictado; y a ofrecer a continuación el modelo global resultante. Por otro lado, en este tipo de exposición o discurso se utilizan materiales conceptuales de muy distinto origen y naturaleza; y lo habitual es que el sucesivo desglose del texto constitucional se vaya efectuando de forma que se adhiera lo más perfectamente posible a la idea genérica de Estado que cada autor posee de manera explícita o implícita. Acabada esta labor —*quod erat demonstrandum*— el edificio constitucional se ha transmutado en edificio político y viceversa (y si el proceso momentáneamente no ha concluido se indica cómo tal transmutación real dialéctica deberá producirse). En cualquier caso, no se acaba de percibir en virtud de qué mecanismo específico se produce ese cambio ofrecido como evidente en sí mismo.

Ello es especialmente delicado cuando abordamos la delimitación del modelo de Estado que la Constitución no sólo propone sino que además ordena: el Estado social y democrático de Derecho. Por eso procuraremos en la exposición que sigue tener el doble punto de referencia al que hacíamos alusión al comenzar estas líneas.

La exégesis del artículo 1.º con el que se abre el cuerpo normativo de nuestra Constitución no parece, en principio y a pesar de las tachas de incoherencia que se le han hecho,[2] excesivamente complicada. El aludido precepto recoge una definición del modelo de Estado (social, democrático y de Derecho) que en sentido directo hace referencia a tres realidades superpuestas y por lo tanto tendencialmente integradas: el carácter «social», es decir, el referido a la conexión entre organización y funcionamiento del Estado y la estructura y dinámica de la sociedad sobre la que se asienta; el carácter democrático en cuanto el Estado debe ser expresión del poder del pueblo; el carácter de Estado de Derecho en cuanto su actividad funcional y su realidad orgánica han de someterse a un ordenamiento jurídico, creado,

---

2. Véase A. E. PÉREZ LUÑO, «Estado de Derecho y derechos fundamentales», en la ob. colect. *Los Derechos Humanos, significación, estatuto jurídico y sistema*, Sevilla, 1979.

desenvuelto y aplicado de acuerdo con la Constitución que lo configura tanto en sus principios generales como en su actividad concreta.

Remachando estas características el propio apartado termina, en consonancia con la primera definición, haciendo referencia a los valores propugnados por ese Estado dentro de su ordenamiento jurídico: la libertad, la justicia, la igualdad y el pluralismo político. Como ha indicado Parejo Alfonso, existe una correspondencia entre las notas definitorias del Estado con los valores superiores que a continuación se propugnan: «Es obvio —añade— que la correspondencia así establecida no es rigurosa y sí meramente aproximativa, pero ello no le hace perder un ápice de su expresividad. En especial confirma la condición compleja o compuesta de la noción "Estado social de Derecho", por asunción en ella —conjuntamente— de diversas ideas rectoras de la organización política: la de la conquista histórica del Estado por el Derecho (en cuya base está la contraposición Estado-sociedad y la afirmación de la esfera de libertad del individuo frente al primero), la de la soberanía popular (que, en una sociedad plural, exige el pluralismo político) y la de la responsabilidad del Estado en orden a las condiciones de vida comunitaria (fruto de las profundas mutaciones operadas por el desenvolvimiento de la sociedad industrial, que se sintetizan en la exigencia a la organización política de una intervención social dirigida a la corrección de las desigualdades)».[3]

Ahora bien, como quiera que la Constitución es la norma básica de ese Estado que ella define en su misma esencia, el resto de los preceptos que integran su texto forzosamente deberán constituir la concreción normativa de tales caracteres esenciales. O dicho de otra forma, no parece congruente que la Constitución tras definir el modelo de Estado que regula (y que supone su propia razón de ser) se dedique posteriormente a abordar cuestiones que contradigan o nada tengan que ver con dicho modelo.

---

3. A. PAREJO ALFONSO, *Estado social y Administración pública*, Civitas, Madrid, 1983, p. 65.

A. *El Estado de Derecho*

Sin duda, el aspecto más tradicional a la hora de identificarlo es el referido al Estado de Derecho.[4] Como tantas otras definiciones constitucionales, ésta no ha sido, según es bien sabido, creación de Constitución alguna de la época en que la misma aparece. Por el contrario, es un producto doctrinal que se va decantando progresivamente en cuanto refleja con cierta exactitud determinadas características de un modelo específico de Estado constitucional, especialmente el alemán, sometido al principio monárquico, que es reclamado socialmente y teorizado por los estamentos liberales propugnando la necesidad de su limitación y adecuación al propio Derecho que el Estado crea. Se establecen así unos módulos que la propia doctrina constitucionalista se encarga de elaborar y el propio Estado después, cuando finalmente llega a ser liberal, los expande como ideología política legitimadora. De esta forma, sea dicho entre paréntesis, la noción de Estado de Derecho es más bien un desiderátum en su inicio que no una realidad constitucional demostrable.[5] En cualquier caso, la formulación doctrinal va cristalizando unas constantes que, bajo el imperio de la ley, tiene dos vertientes especialmente significativas: autolimitación del Estado respecto de los ciudadanos (reconocimiento de los derechos públicos subjetivos) y sometimiento del propio Estado al Derecho por él creado en cuanto éste es expresión del origen de la soberanía nacional (sometimiento de la Administración a la Ley).

Estos dos pivotes básicos del Estado constitucional

---

4. Sobre los problemas políticos y transformaciones en el Estado de Derecho referidos a nuestra situación, véase C. DE CABO MARTÍN, «Estado y Estado de Derecho en el capitalismo dominante: aspectos significativos del planteamiento constitucional español», *Rev. Estudios Políticos*, núm. 9, Madrid, 1979, pp. 99-120.
5. Por eso, el profesor LUCAS VERDÚ habla del Estado de Derecho como un Estado de cultura en cuanto encarna una realidad histórica concreta. Véase pp. 443 y ss. t. I. *Constitución española 1978*, EDPr.sa, Madrid, 1983.

de Derecho en cuanto plasmación de una consecución histórica liberal no sólo se encuentran en nuestra Constitución, sino que además los refuerza en su propio articulado. La declaración del artículo 9,1 es tajante: «Los ciudadanos y los poderes públicos están sujetos a la Constitución y al resto del ordenamiento jurídico». Ello quiere decir como ha sido puesto de manifiesto reiteradamente [6] la adición al principio clásico de legalidad del principio de constitucionalidad en virtud del cual la Constitución no solamente se autoimpone como clave de bóveda de todo el ordenamiento jurídico sino que además tiene todos y cada uno de los caracteres que corresponden a cualquier norma jurídica y, entre ellos, el de su aplicabilidad y exigibilidad. La introducción, en este sentido, del Tribunal Constitucional, como veremos más adelante, no sólo culmina la garantía jurídica del principio de legalidad sino que también encarna y da un contenido material específico al principio de constitucionalidad.

Este esquema se articula por otra parte a través del propio 9,3 mediante la garantía expresa de los principios que acompañan al funcionamiento del Estado de Derecho: «La Constitución garantiza el principio de legalidad, la jerarquía normativa, la publicidad de las normas, la irretroactividad de las disposiciones no favorables o restrictivas de derechos individuales, la seguridad jurídica, la responsabilidad y la interdicción de la arbitrariedad de los poderes públicos.»

Hasta aquí, pues, el entramado general de principios que activan el concepto constitucional de Estado de Derecho. Sin embargo, según se indicaba antes, su proyección más específica recae sobre las formas de autolimitación del Estado respecto de los ciudadanos (derechos públicos subjetivos) más allá de los de contenido meramente individual especialmente a través de la Sección I del Capítulo II; y, en materia del sometimiento de la Administración a la Ley vuelve a aplicar el principio

---

6. F. Rubio Llorente, «Sobre la relación entre Tribunal Constitucional y Poder Judicial en el ejercicio de la jurisdicción constitucional», *Rev. Esp. de D.º Constitucional*, núm. 4, Madrid (enero-abril, 1982), pp. 35-67.

genérico de legalidad de manera expresa y concretada: de acuerdo con el art.º 103,1 «la Administración Pública sirve con objetividad los intereses generales y actúa de acuerdo con los principios de eficacia, jerarquía, descentralización, desconcentración y coordinación, *con sometimiento pleno a la ley y el derecho*».

Hay que advertir, no obstante, que existen otras múltiples manifestaciones constitucionales de este primer carácter del Estado como Estado de Derecho. En términos amplios, todos los órganos estatales, cualquiera que sea su posición, se encuentran sometidos al principio de legalidad y, simultáneamente, al principio de constitucionalidad. Pero, a la vez, tal sometimiento se complementa mediante el también reconocimiento constitucional de otro de los elementos de esta faceta del Estado como Estado de Derecho: el principio de división (al que se suma el algo más reciente de «colaboración») entre poderes y que, a través de mecanismos más modernos que los clásicos, se persigue la misma finalidad de procurar un cierto equilibrio mutuo entre cada una de las partes que componen el aparato estatal. En este aspecto se debe indicar que de manera muy abierta (con técnicas propias del llamado «parlamentarismo racionalizado», concepto por lo demás bastante ambiguo) nuestra Constitución delimita con bastante claridad tales relaciones dentro de una visión de relativa independencia mutua pero también de fórmulas de coordinación y control. Se hallan delimitados los conjuntos orgánicos propios de los poderes clásicos (legislativo, ejecutivo y judicial) a los que hay que añadir la peculiar posición de la Corona [7] y la específica del Tribunal Constitucional.[8]

De esta forma, por lo tanto, el Estado de Derecho que define el artículo 1.º adquiere su específica plasmación constitucional. Pero se debe igualmente señalar, dentro de esta misma perspectiva, que el Estado de Derecho en su análisis se termina con estas constataciones. La existencia de previsiones constitucionales para

---

7. Vid. supra.
8. M. García Pelayo, «El status del Tribunal Constitucional», *Rev. Española de D.º Constitucional*, núm. 1, Madrid, 1981, pp. 11-34.

ponerlo en movimiento y actuación es suficiente para, en principio, determinar su presencia y elementos caracterizadores, *independientemente de las fallas concretas que se pueden producir en la aplicación de tales presupuestos.* Y ello porque, en este campo del Estado como Estado de derecho, básicamente, la proclamación constitucional y la del propio ordenamiento jurídico en general culmina y perfecciona la propia definición.

B. *El Estado democrático*

No menor interés ofrece una segunda característica de la definición del Estado que nuestra Constitución diseña: *el Estado democrático.* Ha de entenderse, como señalábamos anteriormente y la mayoría de la doctrina ha manifestado,[9] que la Constitución define por tal aquel Estado que se basa en el pluralismo político, por un lado, y que adquiere su fuente de legitimación en la soberanía popular, por otro. En consecuencia, la versión y diseño constitucionales de este tipo de Estado vienen dados por aquellos preceptos que hacen referencia a alguno de los dos aspectos y en el sentido en que tal referencia es hecha. De un análisis —por el momento no sistemático— de nuestro texto constitucional encontramos una variedad suficiente de preceptos que tienen conexión o concretan este aspecto.

Hemos de partir indicando que las referencias iniciales de la Constitución que se contienen en su Preámbulo no plantean la caracterización de un Estado sino del funcionamiento social en su conjunto: por un lado se indica que la Nación española proclama su voluntad de «garantizar la convivencia democrática dentro de la Constitución y de las leyes conforme a un orden económico y social justo» y, por otro, se introduce igualmente el propósito de «establecer una sociedad democrática avanzada». A mi juicio, en la formulación de estos dos objetivos (convivencia democrática y sociedad democrá-

---

[9] J. de Esteban y J. L. López Guerra, *El régimen constitucional español*, Labor, Barcelona, 1981, pp. 67 y ss.

tica) se hace referencia a dos cuestiones distintas aunque articuladas: el funcionamiento social en el primer caso y la estructura social en el segundo que da pie a este funcionamiento. La correlación entre ambos objetivos es bastante discutible si nos fijamos en que se advierte primero la voluntad de funcionamiento y sólo después la voluntad de conformación de la estructura que puede darle pie. No lo es, en cambio, si estimamos que esa primera expresión de voluntad de garantizar la convivencia democrática se la sitúa dentro de un orden jurídico determinado (el constitucional) y dentro de un orden económico algo menos determinado pero igualmente definido (un orden económico y social justo); es decir, se eslabonan el elemento político, el jurídico y el económico social. En cambio, en la segunda cuestión —la voluntad de establecer una sociedad democrática avanzada— se arranca de unos supuestos distintos y persigue finalidades diferentes porque se trata de un concepto paraconstitucional que engloba dentro de sí la pretensión utópico-sociológica del avance social tan cara a uno de los proponentes de fórmula y quiere suponer la consecución de nuevos niveles de progreso que informen tanto a la sociedad como al Estado.[10]

No vamos a entrar aquí a analizar las virtualidades del Preámbulo de la Constitución. Simplemente dejar sentada su función básica de elaboración de propósitos más o menos generales que escasamente condicionan el desarrollo normativo posterior a la Constitución.

El cambio de perspectiva se produce, como es evidente, con el art. 1.2, que venimos comentado, en el que no sólo enfoca el verdadero y central problema de cualquier Constitución (el Estado) sino que además, al definirlo como democrático, simultáneamente introduce un primer principio de legitimidad[11] y establece una parte de los postulados de su articulación.

10. R. MORODO, «Proceso constituyente y una nueva Constitución española. Anotaciones al Preámbulo Constitucional», *Bol. Informativo del Dpto. de D.º Político*, núm. 1, Madrid, 1979.
11. Véase sentencia del T.C. de 14 de julio de 1981: «El principio de legitimidad democrática que enuncia el art. 1, apartado 2 de la Constitución es la base de toda nuestra organización jurídico-política» (es decir, de nuestro Estado).

Ahora bien, según indicábamos antes, los parámetros políticos que se han de observar dentro de la Constitución deben hacer referencia a los distintos aspectos de la regulación de la democracia como «gobierno del pueblo» por encima incluso de cualquier afirmación ideológica generalizadora. O, dicho en otros términos, debemos ver cómo se concreta normativamente la soberanía popular que recoge el propio artículo 1, apartado 2: las normas constitucionales han de hacer referencia a cómo se transforma en acto la gestión democrática popular dentro del Estado.

Son dos, como decíamos, los elementos que en nuestro texto constitucional van dibujando su propio concepto normativo: el pluralismo político y social y la participación en la gestión política.

En este doble orden de cosas, encontramos que el pluralismo se expresa como principio superior del ordenamiento jurídico (art. 1.1); pero que, en cambio, la participación sólo puede encontrarse como mecanismo que activa en parte el más general principio de la soberanía popular.

a) *El pluralismo político.* — En el primer ámbito, no sólo nos encontramos con la afirmación amplia (y por lo demás trascendente) de ese principio fundamental con todo lo que tiene de efecto configurador y no sólo interpretativo del conjunto del ordenamiento sino también con preceptos parciales que lo recogen. Sin duda los más importantes por el lugar que ocupan en la Constitución (Título Preliminar) son los que constitucionalizan los partidos políticos y los sindicatos de trabajadores y las asociaciones patronales. Los primeros «expresan» ese pluralismo político (art. 6); los segundos manifiestan la diversidad de sectores, el pluralismo en definitiva del orden económico y social (art. 7). Pero también en el propio título preliminar existe un reconocimiento abierto de ese pluralismo, como, por lo demás, todos los autores ponen de manifiesto: el pluralismo político territorial que surge a través del derecho a la autonomía de las nacionalidades y regiones.

No es el momento de insistir sobre la importancia

política estructurante de cada uno de los enunciados: la constitucionalización de los partidos acarrea en primer término la concepción de la democracia política como democracia de partidos; la de los sindicatos y asociaciones empresariales como democracia social de efectos políticos también directos; la de las autonomías de las nacionalidades y regiones como democracia territorial. Pluralismo que se encuentra recogido en otras disposiciones en cuanto se distinguen los diversos actores y grupos sociales con características propias: «La Iglesia católica y las demás confesiones» (art. 16,3), «los grupos sociales y políticos significativos» a los que se garantiza el acceso a los medios de comunicación social dependientes del Estado (art. 20,3), «los trabajadores» (art. 7, art. 128,2, 35,2, 37,1 y 2), «los empresarios» (art. 7, art. 31,1 y 2), los profesionales titulados (art. 36), los emigrados (art. 42), la juventud (art. 48), los disminuidos físicos, sensoriales o psíquicos (art. 49), las personas pertenecientes a la tercera edad (art. 50), los consumidores y usuarios (art. 50, especialmente apartado 2), las organizaciones profesionales, etc. En la mayoría de los casos se trata, no obstante, de una manifestación descriptiva que es difícilmente subsumible en el principio general del pluralismo político aunque no deje de tener importancia que la Constitución reconozca su existencia.

En cualquier caso, el pluralismo político es el presupuesto inicial del planteamiento democrático porque o significa la existencia de vías diversas (plurales) en el ejercicio del poder político para la actuación y dirección concreta del Estado o se torna exclusivamente en un elemento que describe determinada diversidad social. Por ello, el pluralismo no es más que un dato de partida constitucional que necesariamente se ha de complementar con el siguiente: la efectiva participación política o, si se quiere con mayor exactitud, la efectiva gestión política por parte del sujeto de la soberanía: el pueblo.

Llegados a este punto, donde es posible que las afirmaciones por demasiado seguras se tachen de radicales o utópicas, se hace necesario recordar que las mismas no son producto específico de estas líneas sino de nuestro texto constitucional. Lo que sucede es que en dicho texto, como decían Lucas Verdú,[12] Gil Cremades [13] o el propio Peces Barba [14] se halla atravesado por varias ideologías que adquieren su presencia en las diversas partes de su articulado e incluso dentro de un mismo precepto. Mas no creo que tal cuestión sea la decisiva en el tema que nos ocupa sino, por el contrario, el analizar los límites o el campo específico que tiene cada una de estas afirmaciones constitucionales.

b) *La participación política.* — Y en este aspecto es donde podemos retomar la consideración anterior: la afirmación constitucional de la soberanía popular se plasma en determinados preceptos que son quienes verdaderamente configuran el sentido de tal proclamación tanto en el ámbito político como en el propiamente jurídico constitucional. Estos preceptos —insistamos una vez más en ello— son los que hacen referencia a la participación o gestión política.

Y la participación política configura un tipo específico de democracia: la democracia representativa, con práctica omisión de cualesquiera otras formas a las que en comentarios posteriores mencionaremos. En este sentido, como ha indicado Garrorena «nuestra Constitución cumple discretamente —se diría que en los términos que son habituales en el constitucionalismo comparado de nuestro entorno— con las condiciones que exige una definición democrática del poder».[15]

De entrada el importantísimo artículo 9,2, situado en el Título Preliminar, indica que corresponde a los poderes públicos, además de otras fundamentales misiones, el facilitar la participación de todos los ciudadanos

12. P. Lucas Verdú, esp. «El Título I del Anteproyecto Constitucional. (La fórmula política de la Constitución)», pp. 9-26 de la ob. colect.: *Estudios sobre el Proyecto de Constitución*, CEC, Madrid, 1978.
13. J. J. Gil Cremades, «Las ideologías en la Constitución española», en *Estudios sobre la Constitución española de 1978*, a cargo de M. Ramírez Jiménez, Pórtico, Zaragoza, 1979.
14. G. Peces Barba, *La Constitución española de 1978. Un estudio de Derecho y Política*, Fdo. Torres, Valencia, 1981, pp. 13-26.
15. A. Garrorena Morales, *El Estado español como Estado social y democrático de Derecho*, Universidad de Murcia, Murcia, 1980, p. 90.

en la vida política, económica, cultural y social. El mismo reconocimiento a la participación lo encontramos en el art. 23 que la define como un derecho directamente exigible: «Los ciudadanos —indica el precepto— tienen el derecho a participar en los asuntos públicos directamente o por medio de sus representantes, libremente elegidos en elecciones periódicas por sufragio universal». En ambos casos, pues, la participación política es un imperativo constitucional que forma parte inseparable del propio actuar político, de la esencia misma dinámica del Estado democrático.

Ahora bien, ¿de qué clase de participación se trata? Como acabamos de indicar se trata básicamente de la participación mediante representación. El orden político institucional se configura a través de la participación representativa que se corporiza en el esencial órgano de las Cortes, en cuanto éstas «representan al pueblo español» (art. 66,1) y sus miembros «no estarán ligados por mandato imperativo» (art. 67,2). El igual sistema y consideración conceptual del instituto representativo se advierte en, por ejemplo, el Estatuto de Autonomía de Cataluña (art. 30: «El Parlamento representa al pueblo de Cataluña...»), art. 25 del de Andalucía, art. 8,1 del de Canarias, 12,1 de Aragón, 10 de la Comunidad Valenciana, etc...

Por lo tanto, éste es el mecanismo principal de activar institucionalmente la soberanía popular: la representación ejercida por el Parlamento y adquirida mediante la manifestación periódica de la voluntad popular a través del sufragio universal, canalizado por los partidos políticos. Base en la que descansan todas las instituciones de representación directa: además de las asambleas autonómicas, los principales órganos de gobierno de las entidades locales municipales; y base indirecta de otra serie de órganos que se derivan por nombramiento o designación de estos primeros: el propio Gobierno, y en colaboración con él, los demás órganos constitucionales del Estado sobre los que posteriormente tendremos ocasión de volver.

Pero, como es obvio, además de la declaración general que efectúa el art. 23 sobre el derecho a la participación directa, la Constitución ofrece tipos concretos en que esta última puede realizarse. El más clásico es el que se recoge en la figura del *referéndum*. No es el momento de detallar las distintas modalidades y efectos, regulados, de acuerdo con el mandato del art. 87.3 de la Constitución, por la Ley Orgánica de 18 de enero de 1980, modificada a su vez en su art. 8 —párrafo 4.º— por la posterior Ley Orgánica de 16 de diciembre del mismo año. Baste indicar que se prevén exclusivamente los siguientes tipos: el referéndum consultivo (art. 92 de la Constitución) cuya celebración se podrá efectuar a iniciativa del Presidente del Gobierno previa autorización por mayoría absoluta del Congreso de los diputados y cuyo resultado carece de resultado jurídicamente vinculante; el referéndum de reforma constitucional (o referéndum constituyente) que será facultativo si se trata de una reforma constitucional simple y se celebrará a petición de una décima parte de los miembros de cualquiera de las dos Cámaras dentro de los quince días siguientes a la aprobación de dicha reforma por las propias Cámaras o será obligatorio en caso de reforma total de la Constitución o en caso de reforma parcial de las partes especialmente protegidas: en ambos casos tendrá efectos vinculantes; y, por último, la gama de referéndum de las Comunidades Autónomas que trataremos más adelante.

De todo ello se extrae la conclusión de que nuestra Constitución ha dado muy escasa amplitud a esta forma de participación directa [16] fundamentalmente al excluir el referéndum abrogativo.

Pero, sentado lo anterior, hay, como es obvio, otras formas directas de participación. El profesor Ramírez Jiménez las ha clasificado en las siguientes: *a*) Participación de la juventud; *b*) Peticiones a las Cámaras; *c*) Iniciativa legislativa popular; *d*) Participación a través de referéndum (que acabamos de comentar); *e*) Participación en la Administración de Justicia; *f*) Participación de los ciudadanos en la seguridad social y en la actividad de los organismos públicos cuya función afecte directa-

---

16. M. RAMÍREZ JIMÉNEZ, «Democracia directa y Constitución: problemática y desarrollo legislativo», en la ob. colect. *El desarrollo de la Constitución española de 1978*, Pórtico, Zaragoza, 1982.

mente a la calidad de vida o al bienestar general; *g*) Participación en la empresa.[17]

Lo característico de esas formas de participación directa reside no sólo en su naturaleza secundaria respecto de la participación representativa (contempla aspectos parciales de «cogestión» política) sino también y sobre todo en su contenido normativo subordinado. En este sentido, es necesario puntualizar dos cuestiones: la primera viene de la mano de que su desarrollo y contenido específico depende con exclusividad de su regulación legislativa; y la segunda, complementaria de la anterior y que prueba el carácter «menor» de este tipo de participación, reside en el hecho de que dicha regulación particular aún no se ha efectuado, existiendo en estos momentos únicamente un proyecto de Ley de regulación de la iniciativa legislativa popular.[18]

En definitiva, nuestro modelo constitucional, según indicábamos antes, desarrolla el núcleo esencial del modelo democrático representativo que coincide sustancialmente con lo que Macpherson denomina como modelo de democracia «de equilibrio» por contraposición a una posible democracia de participación directa.[19] Lo cual, a su vez, nos lleva a la cuestión que da origen al propio concepto de *soberanía popular* que mencionábamos anteriormente.

c) *La soberanía popular*. — En efecto, al margen de la postura de Duguit, que no encontraba especial trascendencia al concepto de soberanía, lo cierto es que la doctrina la suele situar no sólo como fuente principal de legitimación del sistema sino también como elemento

17. M. RAMÍREZ JIMÉNEZ, «Participación y pluralismo en la Constitución de 1978», en la obra colectiva *Estudios sobre la Constitución española de 1978*, Pórtico, Zaragoza, 1979, pp. 55-69 (véase pp. 62-64).

18. Véase *Boletín Oficial de las Cortes*, Congreso de los Diputados, II Leg., núm. 48-I, Proyecto de Ley reguladora de la iniciativa legislativa popular. En su exposición de motivos se dice textualmente: «La Constitución conforma al régimen político español como una Monarquía y, *por consiguiente* (sic), como una democracia representativa.

19. C. B. MACPHERSON, *La democracia liberal y su época*, Alianza, Madrid, 1982.

fundante —en cuanto «soberanía popular»— de la democracia política tal y como es regulada en la Constitución. La soberanía —decía Loewenstein— «no es más, y tampoco menos, que la racionalización jurídica del factor poder, constituyendo éste el elemento irracional de la política».[20] Pero, precisamente porque tal vez sea sólo la «racionalización jurídica del poder», esta racionalización encuentra su contenido, su expansividad pero también sus límites en el propio dictado constitucional.

De nuevo —y en principio— nos encontramos con que un concepto básico y fundante se remite al contenido concreto del texto. De ahí que adquiera especial importancia analizar esos rasgos específicos que permitan ver qué entiende por soberanía popular nuestra Constitución o, al menos, cómo la desarrolla. Y ello porque «el modo de ser propio del poder estatal»[21] que supone la soberanía adquiere su versión concreta y diferenciada mediante la Constitución.

En tal sentido, la proclamación del artículo 1.2 de nuestra Constitución («La soberanía nacional reside en el pueblo español, del que emanan todos los poderes») supone, por un lado el reconocimiento de los poderes del Estado («todos los poderes» del Estado-aparato) y, por otro, su «atribución» a un sujeto («no jurídico» en términos positivistas) de la residencia y emanación de tales poderes: el pueblo.

Por eso, al margen de la polémica normativista, institucionalista y demás corrientes doctrinales sobre el significado jurídico de la soberanía, lo que nos interesa especialmente desde la óptica que estamos siguiendo es la plasmación constitucional de la soberanía *popular*, de la atribución pues del poder estatal a un sujeto —el pueblo— jurídico o no. Recordemos en este punto que el tratamiento constitucional comparado mantiene unas pautas diferentes a las que expresa nuestra Constitución: la francesa de la V República indica que la soberanía nacional «pertenece al pueblo que la ejerce por medio

---

20. K. LOEWENSTEIN, *Teoría de la Constitución*, Barcelona, 1976, 2.ª ed., p. 24.
21. C. MORTATI, *Istituzioni di Diritto publico*, Padua, 1975, p. 100, t. I.

de sus representantes y por la vía del referéndum» (art. 3); la Ley Fundamental de Bonn indica que «todo poder público emana del pueblo. Ese poder es ejercido por el pueblo mediante elecciones y votaciones y por medio de órganos particulares de los poderes legislativo, ejecutivo y judicial» (art. 20,2). En ambos casos, por lo tanto, se indica taxativamente la forma de ejercicio de la soberanía por parte del pueblo: las elecciones y el referéndum; en ninguno de ellos se considera la participación directa como forma de ejercicio de la misma.

La definición española es distinta ya que no se efectúa tal enumeración taxativa. La fórmula española, en este sentido (pese a su redacción híbrida que recuerda en parte la terminología francesa y alemana) es similar a la italiana que indica: «La soberanía pertenece al pueblo, quien la ejerce en la forma y en los límites de la Constitución».

Hay que advertir que la diversa utilización de tales fórmulas puede tener consecuencias importantes. En el caso italiano, como es sabido, ha dado lugar a un concepto interpretativo surgido a través de la jurisprudencia constitucional que entiende la posibilidad del ejercicio del poder político (o la participación en actividades de carácter político) por sectores sociales que, en principio, carecen de reconocimiento constitucional directo para la realización de tales actos: ha sido el caso de la declaración de la legitimidad de las huelgas sindicales con fines políticos en una célebre sentencia del año 1974. Y de ahí que haya surgido la calificación de soberanía popular «difusa» (por contraposición a esa soberanía «concentrada» «representativa» propia de los sistemas francés y alemán) como pretensión explicativa de la mayor permeabilidad del Estado en el ejercicio del poder.[22]

La cuestión que se plantea es la de saber si tal conceptualización es aplicable al concepto de soberanía popular existente en la Constitución española. Y es aquí donde conviene diferenciar los términos de participación y pluralismo políticos, que ya hemos visto, del de sobe-

---

22. F. GALGANO, «Rapporti economico-sociali», en la ob. colect. *La Costituzione Spagnola nel trentennale della Costituzione italiana*, Bolonia, 1978.

ranía popular. Porque, en efecto, si los primeros definen los canales regulados por la Constitución en la relación Estado-ciudadanos, el segundo plantea el sustrato básico a partir del cual se activa el poder político. Por decirlo de otra forma, lo que se trata de saber es si las formas de democracia representativa a través de los órganos estatales marca el techo máximo de actuación política o, por el contrario, supone el reconocimiento de unos mínimos que pueden ir siendo ampliados y modificados sin trastocar el espíritu de la norma constitucional.

A nuestro juicio no existe ninguna disposición constitucional que establezca mecanismos tasados de ejercicio de la soberanía popular. No sólo porque el art. 1,2 no los contiene; no sólo tampoco porque no existe ningún precepto excluyente que prohíba formas que los sobrepasen; sino, especialmente, porque aparecen preceptos concretos que potencian esa posibilidad. En este ámbito se hallan los tan comentados preceptos 9.°,2 y 10. El primero tras indicar que los ciudadanos y los poderes públicos están sujetos a la Constitución y a las leyes, en el párrafo señalado añade: «Corresponde a los poderes públicos promover las condiciones para que la libertad y la igualdad del individuo y de los grupos en que se integra sean reales y efectivas; remover los obstáculos que impidan o dificulten su plenitud y facilitar la participación de todos los ciudadanos en la vida política, económica, cultural y social». Por su lado, el art. 10 que encabeza el Título I arranca, como es sabido, con la trascendente afirmación de que «la dignidad de la persona, los derechos inviolables que le son inherentes, el libre desarrollo de la personalidad, el respeto a la ley y a los derechos de los demás son fundamento del orden político y de la paz social».

No se trata, como es obvio, de glosar estos artículos. Únicamente procede dejar lo suficientemente recalcadas las expresiones «libertad e igualdad del individuo y de los grupos en que se integra» con su carácter de realidad y efectividad; así como el amplísimo concepto abierto de la «dignidad de la persona». Ambas palancas permiten afirmar de modo suficientemente seguro que la Constitución admite todo aquello que no prohíbe y que sea coherente con el propio «telos» constitucional. Y, parece claro, que desde el punto de vista de la declaración de soberanía popular —distinta de las formas de participación concretas que la Constitución establece— se abre un ancho camino de integración Estado-ciudadanos que supera ampliamente las estrechas fórmulas de la soberanía representativa.

Cuestión distinta es la referida al concepto constitucional de «pueblo». Es evidente que «pueblo» jurídicamente puede no decir nada. Ignacio de Otto lo expresaba con la claridad que le es propia: «En efecto, el pueblo como sujeto no existe, no tiene ninguna entidad real en absoluto, y, por tanto, no puede hacer ni querer, ni tener nada, no puede ser titular de derecho alguno (...) Tratarlo como un sujeto real no es más que palabrería metafísica y romántica a la que por cierto se sienten inclinados los nacionalismos de todo pelaje.»[23]

Pero no es el caso que nos ocupa. Nuestra Constitución ofrece un concepto de pueblo que cubre diversos frentes: como soporte de derechos, como legitimación del Estado, como sede última del poder. Lucas Verdú mantiene que el concepto de pueblo expresado en nuestra Constitución «se inscribe en la tradición demoliberal inspirada por la imaginación juridicopolítica de la burguesía que llega a nuestros días» y que «la semántica "voluntad popular", "pueblo", "soberanía nacional reside en el pueblo", "la justicia emana del pueblo" cubre significados demoliberales que arrancan de la posición garantista del individualismo y del liberalismo iluminista, luego modulada por la calificación nacional de la soberanía».[24] Efectivamente, éste es uno de los aspectos del concepto de pueblo en cuanto soporte de los derechos individuales de sus componentes y en cuanto sujeto directo de funciones específicas a través de órganos creados constitucional o legislativamente. En este sentido, es obvio que lleva razón la óptica positivista de que el pueblo jurídicamente no existe en cuanto que no es sujeto de derecho; pero creo que no lo es menos que,

---

23. I. DE OTTO y PARDO, *Lecciones de Derecho Constitucional*, Guiastur, Oviedo, 1980, p. 264.
24. P. LUCAS VERDÚ, «Constitución Española de 1978. Comentarios a las leyes políticas», tomo I (RDP), 1983, pp. 73-74.

dentro de este mismo ámbito, el concepto de pueblo precisamente porque tiene un contenido constitucional determinado confiere a su vez el contenido propio de las diversas instituciones a cuyo través se manifiesta.

Más importante desde nuestra óptica es la segunda de las facetas apuntadas: la de legitimación. Como hace poco recalcaba Gomes Canotilho: «El problema nuclear de la legitimación de un orden constitucional deriva del hecho de que la Constitución, como complejo normativo, consagra un dominio y apunta unos fines políticos.»[25] Sin extendernos en una cuestión tan actual como es esta de la legitimación, de la crisis de la legitimación, etc., sí interesa indicar cómo ésta se plantea en el punto de confluencia entre el ejercicio del poder por el Estado y la aceptación o rechazo de tal ejercicio por parte de la sociedad o de algunas de sus partes relevantes. Y aquí es donde opera la posible realidad de la soberanía popular en cuanto ésta no se encuentre delimitada en ámbitos estrictos por la propia Constitución; o, dicho en otros términos, el carácter expansivo de la soberanía popular como elemento legitimador de la dominación estatal se debe hallar en relación directa con las formas específicas posibles en que aquélla se manifiesta. Y es razonable pensar que el progresivo reconocimiento del poder del pueblo ha de suponer un reforzamiento de la propia legitimidad-legitimación del Estado.[26]

Y finalmente, en cuanto la soberanía popular es residencia y causa reconocida del poder estatal, tal y como se expresa en la Constitución, hemos igualmente de entender que no se trata de una proposición ideológica encubridora puesto que —insistamos en ello— no hay una tasación concreta de su forma de ejercicio y, en consecuencia, su desenvolvimiento dentro de los límites constitucionales ha de estar siempre dispuesto al hallazgo de nuevas formulaciones.

En todos estos aspectos, soberanía popular y democracia se identifican. Ambos son conceptos constituciona-

---

25. A. Gomes Canotilho, *Constitução dirigente e vinculaçâo do legislador*, Coimbra, 1982, p. 19.
26. El falso dilema de Constant —libertad de los antiguos-libertad de los modernos— sigue siendo, curiosamente, una bandera de las fuerzas conservadoras.

les abiertos y en ambos casos su concreción espacial y temporal explica el modo específico en que el ordenamiento jurídico y la sociedad política los plasma. Y de ahí, por tanto, la necesidad de insistir en el doble plano que nuestra Constitución utiliza para regular los caracteres del Estado democrático: un principio de su estructura (el pluralismo político), unas formas concretas de participación en el poder (predominio de las fórmulas representativas) y un fundamento del desenvolvimiento de tales principios y formas en base a la propia esencia del Estado democrático (la soberanía popular).

Cuestión distinta es que tal potencialidad de desarrollo se efectúe o por el contrario se frustre. Aquí, como es obvio, entra en juego la dinámica social y política que puede encaminarse por muy distintos derroteros. Pero ello no obsta a que sigamos manteniendo que nuestro texto constitucional no contiene límites expresos (a excepción, curiosamente, de las modalidades de referéndum no previstas en la Constitución —interpretación restrictiva del art.º 92,3 y la exclusión de la iniciativa popular en materia de reforma constitucional, —art.º 166—) a la introducción de mecanismos nuevos en las formas de participación política en cuanto concreción temporal y espacial de la soberanía popular.

C. *El Estado social*

No creemos oportuno repetir aquí la polémica sobre el origen y contenido doctrinal del término social.[27]

En cualquier caso, hay una cierta unanimidad en entender que por Estado social se hace referencia a aquel modelo político estatal que incide en la conformación de la sociedad mediante su participación en los mecanismos de producción y distribución de bienes y el aseguramiento de determinados servicios y prestaciones que aseguren a los ciudadanos un determinado mínimo vital. Ésta puede ser una primera definición incompleta

---

27. Véase la propia ambigüedad tanto de su origen como de su utilización en Garrorena, *op. cit.*, pp. 21-39, donde se explica con gran precisión su carácter «multívoco o equívoco».

pero indicativa. Ello quiere decir que el Estado social se configura como modelo estatal superador del liberalismo clásico en cuanto se constituye en gestor y administrador de una parte de los bienes sociales con la finalidad de corregir determinadas contradicciones existentes en el seno de la sociedad y en especial la desigualdad social y económica que en ella se produce. Estado intervencionista en lo económico y de «procura existencial» [28] en aquellos ámbitos donde los individuos y grupos sociales no llegan al autoabastecimiento vital mínimo.

Pero concurren otras muy variadas notas que ayudan a completar en lo posible este concepto tan discutido como discutible. Es sabido que hay autores que no le atribuyen —en cuanto tal concepto— la menor relevancia.[29] Pero, desde el punto de vista constitucional, cualquier aspecto regulador del Estado adquiere una formulación normativa y, por tanto, prescriptiva. Y nuestra Constitución recoge esta formulación y desarrolla como en los epígrafes anteriormente comentados una serie de artículos que se desprenden y a la vez configuran la definición constitucional de Estado social. Aquí es donde aparece esa diversidad de notas.

Con un cierto ánimo sistemático el profesor Garrorena recogía los siguientes ámbitos de las implicaciones político-constitucionales del Estado social: 1) La aceptación de la «igualdad», «es decir, de la corrección de las desigualdades sociales, como uno de los valores superiores llamados a inspirar el ordenamiento jurídico» (...); 2) «Una regulación constitucional del proceso económico y del estatuto de los principales protagonistas» (lo que en términos habituales se denomina «Constitución económica»); 3) reconocimiento fundamental de determinados derechos y libertades de claro contenido social; 4) ampliación del ámbito funcional del Estado y «transformación estructural de la institución estatal misma».[30]

En definitiva, los aspectos apuntados se incluyen en

---

28. M. García Pelayo, *Las transformaciones del Estado contemporáneo*, Alianza, Madrid, 1977.
29. M. S. Giannini, «Stato Sociale: una nozione inutile», Rev. *Il Politico*, Roma, junio 1977, pp. 205 y ss.
30. A. Garrorena, *op. cit.*, pp. 40-57.

las referencias anteriormente citadas. En el texto son varios los preceptos que, de una u otra forma, hacen referencia al mismo.

Desde lo más general a lo particular, conviene arrancar del modelo económico recogido y *fijado* en la Constitución. El artículo 38 constitucionaliza el modelo económico en que se ha de desenvolver el modelo político estatal: «Se reconoce la libertad de empresa en el marco de la economía de mercado». Comentando este precepto decía Silvio Basile que «vemos que, con una claridad extraña en otros textos, la Constitución mantiene y garantiza explícitamente las estructuras del capitalismo. No encontramos aquí el uso de expresiones amplias y etéreas, como la "iniciativa económica privada" del art. 41 de la Constitución italiana. Encontramos nítidamente la "libertad de empresa" y para mayor claridad "en el marco de la economía de mercado". Y para derechos como la propiedad y la empresa, entre otros, encontramos que la ley, que debe regular su ejercicio, deberá respetar, en todo caso, "su contenido esencial" (art. 53, párrafo 1.º)».[31]

Nuestra Constitución, en consecuencia, deja suficientemente explícito que la estructura económica sobre la que se asienta es la propia del capitalismo en su formulación actual, es decir, el llamado neocapitalismo propio del Estado intervencionista. Y, desde esta perspectiva, nuestra norma fundamental entiende que dicha estructura se articula en torno a la libertad privada de creación de empresas y a la privatización de los beneficios a través de un mercado en el que básicamente predomina el juego de oferta y demanda de los grandes sujetos económicos de carácter también privado. Estructura de producción y mercado no estatal con las intervenciones estatales a las que luego haremos sucinta referencia.

A esta declaración fundamental se le añaden aspectos que la van perfilando en diversas partes del texto. Así en el art. 33 se reconoce el derecho a la propiedad privada y a la herencia; el propio art. 38 añade al recono-

---

31. S. BASILE, «Los valores superiores, los principios fundamentales y los derechos y libertades públicas», en *Constitución española de 1978. Estudio sistemático*, ob. colect. dirigida por A. Predieri y E. García de Enterría, Civitas, Madrid, 1980.

cimiento de la libertad de empresa en el marco de la economía de mercado que «Los poderes públicos garantizan y protegen su ejercicio y la defensa de la productividad, de acuerdo con las exigencias de la economía general y, en su caso, de la planificación»; el art. 40 constitucionaliza la «estabilidad económica» en cuanto marco que permite promover por los poderes públicos las condiciones para el progreso social y económico y para una distribución de la renta regional y personal más equitativa. Ahora bien, a la propiedad privada, iniciativa privada y mercado básicamente privado se van adhiriendo también otra serie de connotaciones funcionales al sistema que son propias de esta fase concreta del capitalismo: tal es el supuesto del reconocimiento del «interés general» como subordinador de toda la riqueza del país «en sus distintas formas y sea cual fuere su titularidad» (art. 128,1); en el mismo sentido aparece el reconocimiento de la «iniciativa pública en la actividad económica»; o la posibilidad de reservar al sector público, mediante ley, recursos o servicios esenciales o acordar la intervención de empresas cuando así lo exigiere el interés general (art. 128,2); e igualmente el importante art. 131,1 en que se admite la posibilidad de planificación por parte del Estado de «la actividad económica general para atender a las necesidades colectivas, equilibrar y armonizar el desarrollo regional y sectorial y estimular el crecimiento de la renta y de la riqueza y su más justa distribución».

Esta segunda tanda de previsiones son, como decíamos, perfectamente funcionales al modelo básico de economía de mercado. Es más, su no inclusión habría reflejado un modelo económico ya pasado (pese a lo que afirmen los partidarios del neoliberalismo) poco acorde con la situación del capitalismo actual. De esta forma se combinan los elementos de la llamada democracia de equilibrio en el campo económico que mezcla la intervención estatal con la economía privada. E, incluso, no considero en absoluto disfuncionales los propósitos que mantiene el art. 129,2: «Los poderes públicos promoverán eficazmente las diversas formas de participación en la empresa y fomentarán, mediante una legislación adecuada, las sociedades cooperativas. También establecerán los medios que faciliten el acceso de los trabajadores a la propiedad de los medios de producción». Las razones son muy simples: los sistemas de cogestión en la empresa, como bien se ha visto en el caso alemán, no varían para nada el modelo básico sino que lo refuerzan; las cooperativas son en cuanto sujetos colectivos formas empresariales perfectamente integradas; y el establecimiento de medios que faciliten a los trabajadores el acceso a la propiedad de los medios de producción, en este contexto sólo puede querer decir o que los trabajadores forman cooperativas y entonces nos hallamos en el supuesto anterior o que se convierten en empresarios individuales.[32]

Así pues, y ello debe quedar suficientemente claro, no es que nuestra Constitución excluya la socialización o estatalización de la economía[33] sino que, de manera más específica, consagra el modelo económico neocapitalista intervencionista.[34] Cierto que se pueden mantener posturas en este ámbito que prediquen la adaptabilidad del Estado y, su, por tanto, perfectibilidad: «Al Estado social —decía Parejo Alfonso— es consustancial, por tanto, la esencial adaptabilidad del orden económico a las circunstancias de cada momento, si bien dentro de un marco de referencia infranqueable» —pág. 86—. Y por ello, igualmente, se puede mantener para el principio social del Estado que la validez y eficacia de su formulación jurídico-constitucional (art. 9,2) está referida «*a la exigencia de la mayor igualdad real y efectiva de los ciudadanos posible en cada momento*» —subr. del autor— (pág. 86). Desde luego, esa exigencia jurídica de la mayor igualdad real y efectiva para serlo deberá ser *una real y efectiva exigencia*, cuestión ya algo más complicada así como el no pequeño aspecto de quién, a quién y cómo se fija el concepto «posible» que matizaba la anterior afirmación. Me inclino, pues a pensar con Basile que el significado del art. 9.º, apartado 2.º, «no va más allá de la justificación del intervencionismo público corrector de desequilibrios en atención al mantenimiento

---

32. Véase en contra, Garrorena, pp. 61-62, *op. cit.*, y también Nicolás Muñiz.
33. Parejo, op. cit., p. 85.
34. En contra, todo sea dicho, de las actuales pretensiones ultraconservadoras de retomar un liberalismo salvaje.

del sistema económico actual y, por tanto, contra su propio tenor, no ha sido incluido en función de una efectiva transformación social».[35]

En un sentido genérico, por lo tanto, la categoría de Estado social poco más da de sí en cuanto modelo que el reconocimiento y fijación constitucional de la estructura económica neocapitalista en la dirección apuntada. No sucede lo mismo en los restantes aspectos que completan y, a la vez, especifican su definición; y no sólo porque adquieren grados de eficacia y plasmación muy diversos sino también porque suponen la introducción de uno de los aspectos más interesantes del constitucionalismo moderno: la constitucionalización de principios estrictamente contradictorios.

En el frontal de esta contradicción se colocan los trascendentales preceptos, 9.º y 10.º. Ya hemos comentado el primero de ellos pero conviene insistir en su estrecha ligazón con el concepto social del Estado: la igualdad real y efectiva no sólo como principio superior que indicaba el art. 1,1 sino como objetivo estatal directo. Sin embargo, como antes mencionábamos no parece que el principio de igualdad real entronque con el de Estado social. Lucas Verdú en sus últimos comentarios lo pone claramente de relieve: el art. 9,2 «encaja con el Estado democrático de Derecho, empero no cuadra con el Estado social de Derecho» (pág. 57). Y no cuadra porque el estado social, a pesar de que el principio de igualdad real y efectiva se considere como un desiderátum y, por tanto, graduable en fases y posibilidades, es negado estructuralmente por el modelo social y económico que acompaña a ese mismo Estado social: la desigualdad económica de base únicamente puede transformarse en su contrario si el propio modelo constitucionalizado desaparece. No cabe entre ambos una integración por muy dialéctica que se la pretenda. Cuestión distinta es la derivada de la aceptación del modelo y que éste sea considerado como el mejor de los actualmente posibles; pero ello no quita la evidente exclusión de compatibilidad constitucional entre ambos términos.

El art. 10 posee un sentido bastante más complejo

---

35. BASILE, *op. cit.*, p. 266.

que el anterior. Por un lado es una proclamación de fe constitucional que enlaza con el carácter transformador de las Constituciones;[36] por otro, en cuanto tiene de preceptivo, tanto por el lugar que ocupa en el texto (encabezamiento del Título I) como por lo que de proyección es cascada que con efectos hermenéuticos se vierte sobre todo el ordenamiento constitucional, se sitúa por derecho propio en el centro de la interpretación de los derechos ciudadanos y de las relaciones del Estado con ellos. Adviértase que acabamos de indicar la faceta hermenéutica o interpretativa de este precepto puesto que, en sí mismo, no es sino una afirmación de parecida factura a aquella tan entrañable de la Constitución gaditana cuando en su art. 6 no dudaba en dejar sentado «El amor a la Patria es una de las principales obligaciones de todos los españoles y asimismo el ser justos y benéficos». Pero la diferencia radical entre ambas afirmaciones, aparte naturalmente del momento histórico de cada una, reside en el distinto carácter normativo de las mismas. En el supuesto actual constituye no la fijación de un deber ético-cívico sino la fijación y positivación de un valor de contenido normativo a cuyo tenor ha de medirse el alcance de los derechos personales y de la actuación del Estado a su respecto.

Cuando el art. 10.º,1 indica que «la dignidad de la persona, los derechos inviolables que le son inherentes, el libre desarrollo de la personalidad, el respeto a la ley y a los derechos de los demás son fundamento del orden político y de la paz social», como tendremos ocasión de ver más adelante, se está ofreciendo no sólo un contenido a todos los derechos (por supuesto a los de la Sección 1.ª del Capítulo II del Título I) sino a aquellos que, por su indefinición constitucional, más lo necesitan: los derechos sociales. De ahí, como una vez más indicaba Basile, «el potencial subversivo del principio de la dignidad de la persona».[37] Aunque —añadía— «resulta claro

---

36. Véase JORGE DE ESTEBAN, «La Constitución en el mundo actual», estudio preliminar a *Constituciones españolas y extranjeras*, Taurus, Madrid, 1977, pp. 36-41; también CARLOS DE CABO, *Sobre la función histórica del constitucionalismo y sus posibles transformaciones*, Univ. de Salamanca, 1978.

37. *Op. cit.*, p. 266.

que aquí no hay nada más que potencia y que, en acto, se halla sólo la justificación de correctivos de un sistema económico que se conserva, aunque se niegue todo el fundamento moral del mismo».[38]

No estimo que la última afirmación sea excesivamente correcta, porque, como indicaba García Herrera, la recepción de la dignidad de la persona significa «la positivización que centra el sistema en torno a la supremacía de la persona y funcionaliza el orden político y social al servicio de una visión humanista, que sanciona el principio personalístico como eje vital del funcionamiento de los poderes públicos, de determinación de objetivos y de praxis social, correspondiendo a la autoridad jurídica, velar y actuar el respeto y vigencia de dicho principio».[39]

Ahora bien, siguiendo el hilo de las anteriores consideraciones, la cuestión estriba en cómo se conecta ese principio genérico de la dignidad de la persona y de los derechos inviolables que le son inherentes —dado que se trata de una norma objetiva —con la proyección constitucional del Estado social. Y en este punto es donde surge el contenido concreto positivo de la proclamación de un tal modelo de Estado: el reconocimiento de los derechos sociales y el instrumental orgánico que requiere para cumplir los fines que de él se derivan.

En principio debo partir de una afirmación previa: los llamados derechos sociales, en cuanto síntoma o consecuencia del Estado social, adquieren su más claro perfil *no* cuando son derechos sociales en sentido genérico sino cuando son derechos políticos o, mejor dicho, cuando nos encontramos ante derechos activables políticamente, según aquella razonable afirmación de M. Atienza que señalaba que nuestra Constitución da una clara preferencia «a los derechos individuales, civiles y políticos (históricamente conquista de la burguesía) frente a los derechos económicos, sociales y culturales (objetivo

---

38. Ibídem, pp. 266-267.
39. M. A. García Herrera, «Principios generales de la tutela de los derechos y libertades en la Constitución española», *Revista de la Facultad de Derecho*, Universidad Complutense, núm. 2 (monográfico).

y, en alguna medida, conquista, de movimiento obrero)».[40]

Fijémonos en la relación de derechos «económicos, sociales y culturales», es decir, los propios del Estado social, que recoge enumerativamente Peces Barba: El derecho al trabajo (art. 35), los derechos sobre las condiciones de trabajo (art. 40-2), el derecho a la seguridad social (art. 41), el derecho de huelga (art. 28-2), el derecho a la libre sindicación (art. 28-1), el derecho a la educación y a la libertad de enseñanza (art. 27), el derecho a la protección de la salud (art. 43), el derecho a la cultura (art. 44), el derecho al medio ambiente (art. 45), el derecho a la vivienda (art. 47) y el derecho de los consumidores y usuarios a la seguridad, la salud y la defensa de sus intereses económicos (art. 51), el derecho de autor (art. 20-1b).[41] Si observamos en cada uno de ellos su posible naturaleza de derechos subjetivos de crédito frente al Estado y el acompañamiento de garantías específicas para la consecución de ese crédito (que sería lo propio de la «procura existencial» que este tipo de Estado debe suministrar) veremos que ese doble condicionamiento sólo se da en el derecho a la educación en su primer nivel: «La enseñanza básica es obligatoria y gratuita.» Los demás derechos antes mencionados o son actuables directamente por los individuos en cuanto son derechos de contenido político (aunque tengan una finalidad social) como ocurre con el derecho de huelga, el derecho a la libre sindicación y el derecho a la producción y creación literaria, artística, científica y técnica (art. 20,1-b) (aunque en este último caso más que un derecho social es derivación directa del principio liberal de la libertad de expresión y sólo de forma muy derivada del derecho del trabajo) o carecen de garantías constitucionales de exigibilidad directa (derecho al trabajo, derecho a la seguridad social, derecho a la protección de la salud, derecho a la cultura, derecho al medio ambiente, derecho a la vivienda y los derechos de consumidores y usuarios).

40. M. ATIENZA, «Sobre la clasificación de los derechos humanos en la Constitución», *Revista de la Universidad Complutense*, cit., p. 129.
41. G. PECES BARBA, *La Constitución española de 1978. Un estudio de Derecho y Política*, Fdo. Torres, Valencia, 1981, p. 41.

Como es sabido en los últimos casos que acabamos de apuntar la concreción de estos derechos, su contenido real, deberá ser regulado por una ley para que puedan tener entrada en el campo de los derechos públicos subjetivos de los ciudadanos y en la medida y en las formas que la legislación determine. Todos ellos, en definitiva, no son sino orientaciones, mandatos acaso al legislador, reglas de interpretación constitucional que pueden dar a la declaración de inconstitucionalidad de las normas que los violen pero, en sentido estricto, no comportan la obligación directa del Estado de efectuar las prestaciones que podrían satisfacerlos. Tal vez el ejemplo más llamativo sea el derecho al trabajo en cuanto es típico y tópico de los modelos de Estado social: sin duda tiene una variedad de efectos jurídicos importante y en ello no vamos a entrar; pero desde luego de lo que carece es de la naturaleza de derecho público subjetivo del ciudadano. Puede resultar incluso algo sardónico el reconocimiento constitucional de este derecho como conquista del Estado social, cuando el paro es una característica estructural del propio sistema económico que la Constitución, según veíamos, consagra. Pero es que, además, el derecho al trabajo es en cierta forma una proclamación inútil o, al menos, contradictoria desde el punto de vista «social» si lo entendemos como la capacidad del individuo de recabar para sí un puesto de trabajo: [42] inútil porque existen normas objetivas como el principio de igualdad y el de dignidad humana que cubren sobradamente estos aspectos; y contradictorio porque, en general, como derecho exigible lo sería en principio frente al Estado y el Estado, también en principio, no es ni el único ni siquiera el más importante «dador de trabajo», por utilizar la gráfica aunque poco elegante expresión italiana.

En definitiva, las prestaciones estatales que constituyen el fundamento de la categoría del Estado social son algo tan independiente de la Constitución como es la propia capacidad económica no sólo del Estado sino también de la sociedad.

---

42. Entendido en otros sentidos, entre ellos el negativo, es decir el derecho a no ser despedido, tiene dimensiones muy distintas y abre una buena parte de la disciplina de Derecho laboral.

Todo ello no significa que pongamos en cuestionamiento el Estado social que la Constitución diseña. Simplemente se quiere insistir en que se trata de elementos no esenciales y sobre todo sumamente variables. Lo importante, sin duda, es el propio principio de Estado social en cuanto supone la imposición de criterios vinculantes para el legislador más que las manifestaciones puntuales que en forma de derechos la Constitución presenta.

De ahí, como apuntábamos líneas más arriba, que el segundo gran elemento activador del Estado social sea el conjunto instrumental orgánico del que se puede servir para activar dicho principio; es decir, la propia Administración Pública que, por ello mismo, queda sometida en todas sus esferas a la obligación constitucional que se deriva de la proclamación y cuyas necesarias líneas de actuación tan bien describe el ya mencionado autor Parejo Alfonso [43] y a cuya obra nos remitimos.

EL RECONOCIMIENTO DE DERECHOS Y LIBERTADES. — «El cuadro de los derechos y de las libertades fundamentales contenidas en el proyecto constitucional es amplio y complejo [...]. Abundan las disposiciones programáticas y las afirmaciones retóricas, promesas políticas de difícil concretización.» [44] El profesor Lucas Verdú efectuaba así una exacta descripción de los caracteres básicos de esta parte de nuestro texto constitucional (contenida en el título I pero no exclusivamente en él). La justificación de tal amplitud, complejidad, etc. de las declaraciones de derechos y libertades no es difícil: la salida de una dictadura impide casi por completo no caer en la tentación de recopilar una amplia (amplísima) lista de derechos y libertades ciudadanas que formen como el negativo de lo que fue la época anterior.

No obstante la extensión y prolijidad apuntadas, lo cierto es que el ordenamiento constitucional español ha realizado un verdadero esfuerzo por delimitar y asegurar un ámbito de libertades que permitan al individuo

---

43. *Estado social y Administración Pública, op. cit.*, especialmente pp. 95 y ss.
44. P. LUCAS VERDÚ, *Diritti e Libertà fondamentali*, en *La Costituzione Spagnola, op. cit.*, p. 71.

y a los grupos sociales protegerse frente a la acción del Estado. Ese ámbito de regulación de los llamados «derechos de la libertad» se ha efectuado siguiendo varias pautas, a veces superpuestas, que es necesario desentrañar.

a) *Enumeración.* — El título I («De los derechos y deberes fundamentales») comienza por una disposición general introductoria (el art. 10), un *capítulo I* referido al tema de la *nacionalidad y extranjería* y la parte propiamente inserta en los llamados *derechos de la libertad* contenida en el *capítulo II;* a su vez, una nueva introducción dentro de este capítulo (art. 14) donde de nuevo se ratifica el principio de igualdad ante la ley (ya recogido en el art. 9) nos sirve de entrada para la división en secciones: *sección 1.ª, de los derechos fundamentales y de las libertades públicas,* y *sección 2.ª de los derechos y deberes de los ciudadanos.* El *capítulo III* se dedica a *los principios rectores de la política social y económica,* el *capítulo IV* a las *garantías* y *el V,* finalmente, a la *suspensión de los derechos y libertades.*

Esta descripción nos apunta unas primeras conclusiones. El *artículo 10,* que ya hemos comentado en páginas anteriores, contiene dos apartados de distinto signo, aunque ambos participen de su condición de ser cláusulas generales interpretativas: el *primer párrafo* (declaración de los principios valorativos generales —dignidad de la persona, derechos inviolables a ella inherentes, libre desarrollo de la personalidad, respeto a la ley y a los derechos de los demás como fundamento del orden jurídico y de la paz social—) constituye a la vez *una afirmación retórica, un cuadro axiológico-normativo* y una *definición simultáneamente política* (que tales principios o valores son el fundamento del orden jurídico) y *utópico-sociológica* (que los mismos principios o valores son el fundamento de la paz social).[45]

En cambio, el *segundo precepto* del artículo 10 recoge un criterio interpretativo perfectamente utilizable a la hora de su aplicación garantizadora y jurisprudencial: «Las normas relativas a los derechos fundamentales y

---

45. P. Lucas Verdú, *Constitución Española. Edición comentada,* op. cit., pp. 39-41.

a las libertades que la Constitución reconoce, se interpretarán de conformidad con la Declaración Universal de Derechos Humanos y los tratados y acuerdos internacionales sobre las mismas materias ratificados por España.»

En consecuencia, el referido artículo, con su declaración genérica de principios generales e interpretativos de diverso alcance y significado sirve de «explicación de motivos» introductoria de la normativización más concreta de los «derechos de la libertad».

Salvando los temas de la nacionalidad y la mayoría de edad a los dieciocho años y un artículo 13 sobre la extradición (art. 13,3) de respuesta política directa a la situación dictatorial anterior [46] el centro de la regulación constitucional de tales derechos se sitúa en el capítulo segundo que en síntesis se refiere a los siguientes derechos y libertades: derecho a la vida (art. 15) y prohibición de la pena de muerte; derecho a la integridad física y prohibición de torturas y tratos inhumanos o degradantes (art. 15); libertad ideológica, religiosa y de culto: *a*) nadie puede ser obligado a declarar sobre sus creencias; *b*) ninguna confesión tendrá carácter estatal, aunque «los poderes públicos tendrán en cuenta las creencias religiosas de la sociedad española y mantendrán las consiguientes relaciones de cooperación con la Iglesia católica y las demás confesiones (art. 16,1,2,3); derecho de la persona a la libertad: limitaciones a la prisión preventiva, asistencia de letrado al detenido y previsión de que la ley establezca un procedimiento de *habeas corpus* para los casos de detención ilegal (art. 17); derecho al honor, a la intimidad personal y familiar y a la propia imagen, inviolabilidad del domicilio, secreto de las comunicaciones, limitación por ley del uso de la informática para garantizar el honor y la intimidad personal y familiar de los ciudadanos y el pleno ejercicio de sus derechos (art. 18); libertad de residencia y circulación dentro del territorio nacional y, fuera de él, en los términos en que la ley lo establezca, sin que puedan existir

---

46. En dicho precepto se niega la extradición por delitos políticos, aunque excluye de tal consideración a los actos terroristas, coincidiendo así con el artículo 26 de la Constitución italiana.

limitaciones por motivos ideológicos (art. 19); libertad de pensamiento, expresión, comunicación e información (art. 20, 1,*a, b, c, d*) y prohibición de la censura previa al ejercicio de estos derechos; la ley regulará la organización y el control parlamentario de los medios de comunicación social dependientes del Estado o de cualquier ente público y garantizará el acceso a dichos medios de los *grupos sociales y políticos significativos, respetando el pluralismo de la sociedad y de las diversas lenguas de España»* (art. 20,3); derecho de reunión, manifestación y asociación (arts. 21 y 22); derecho a la tutela jurisdiccional (art. 24); principio de irretroactividad y legalidad penal y administrativa (este último en materia sancionadora) y prohibición de sanciones administrativas que impliquen directa o indirectamente privación de libertad (art. 25); prohibición de los tribunales de honor en el ámbito de la administración civil y de las organizaciones profesionales (art. 26); derecho a la educación, a la libertad de la enseñanza, a la libertad de creación de centros docentes, a la participación de profesores, padres y alumnos en el control y la gestión de los centros docentes sostenidos con fondos públicos, derecho a la autonomía universitaria (art. 27); derecho a la libre sindicación y derecho de huelga (art. 28); derecho de petición individual y colectiva (art. 29).

La declaración de derechos y libertades no se agota en los preceptos aludidos: en primer lugar, *la sección segunda* del mismo capítulo (*De los derechos y deberes de los ciudadanos*) parece venir a intentar complementar la que acabamos de resumir, aunque el conjunto de formulaciones efectuadas por esta sección es de un contenido bastante dispar: derecho y deber de defender a la patria (art. 30); deber de contribuir al sostenimiento de los gastos públicos de acuerdo con la propia capacidad económica (art. 31); derecho del hombre y la mujer a contraer matrimonio con plena igualdad jurídica; reconocimiento del derecho de propiedad privada; derecho de fundación; deber y derecho al trabajo; colegios profesionales; derecho de negociación colectiva laboral; derecho de los trabajadores a adoptar medidas de conflicto colectivo; libertad de la empresa en el marco de la economía de mercado.

La peculiaridad de esta sección radica en que se trata de derechos y deberes que se hallan menos protegidos que los descritos en la sección primera, ya que, según el párrafo 2 del artículo 53 se reserva la «protección jurisdiccional directa» únicamente al artículo 14 y a la sección 1 del capítulo 2, quedando, por tanto, excluidos del recurso de amparo.

Esto nos lleva de la mano a la tercera categoría de declaraciones constitucionales en materia de derecho y libertades cuales son los *principios rectores de la política social y económica* regulados por medio del capítulo 3 (arts. 39 a 52). A vuela pluma y sin ningún intento de profundizar observemos cómo esos supuestos principios rectores se refieren, entre otros, a los siguientes objetivos a cumplir en la mayoría de los casos por los poderes públicos: protección social, económica y jurídica de la familia; protección integral de los hijos con independencia de su filiación; promoción de las condiciones favorables para el progreso social y económico y para una distribución de la renta personal y regional más equitativa; política de pleno empleo; formación y readaptación profesionales; seguridad e higiene en el trabajo; descanso necesario; seguridad social para todos los ciudadanos; salvaguardia de los derechos económicos y sociales de los trabajadores en el extranjero orientando su política (del Estado) hacia su retorno; derecho a la protección de la salud; educación sanitaria y educación cívica...; así hasta el artículo 52.

La mera lectura de los mencionados «principios» nos pone de relieve su carácter de «disposiciones programáticas» y «promesas políticas de difícil concretización». Su virtualidad impone un razonable escepticismo; sin embargo, forman parte del texto constitucional; son, sin duda, principios generales que ni siquiera obligan genéricamente. Pero la Constitución como cuerpo normativo supremo puede alcanzar un determinado grado de aplicación, incluso en estos aspectos.

b) *Los sistemas de garantías.* — En efecto, los derechos de libertad reconocidos en el texto constitucional alcanzan una entidad específica no sólo como expresión de un determinado «sistema cultural y axiológico»

(Smend) o como plasmación de «compromisos formales tendentes a la armonización de contrarios surgidos históricamente» (H. Heller) sino también y muy especialmente porque, de manera simultánea, al ser la expresión genérica de tales elementos, constituyen un conjunto de garantías que se funden de manera inseparable a su propia formulación. Garantías, por supuesto, de distinta significación, contenido y eficacia; pero, al fin y al cabo, garantías.

De esta forma podemos reconducir contenidos en la Constitución española al sistema de garantías en ella establecido.

Con semejante criterio, podemos utilizar parcialmente la clasificación que realiza E. Gómez-Reino y Carnota[47] que distingue entre garantías no jurisdiccionales, garantías jurisdiccionales y «otras garantías» (a las que podríamos denominar garantías específicas u originales).

Dentro del primer grupo, existe un punto de partida importante con la disposición contenida en el artículo 9,1, al indicar éste que «los ciudadanos y los poderes públicos quedan sometidos a la Constitución y al resto del ordenamiento jurídico», que luego es matizado y circunscrito por el artículo 53,1 al repetir el mismo precepto referido al capítulo 2 del título I. Pues bien, esta garantía genérica se ve reforzada por otra disposición (prevista en la Ley Fundamental de Bonn) y que estriba en el reconocimiento de una cláusula de reserva material de ley: de acuerdo con el artículo 53,1 de la Constitución española «los derechos y libertades reconocidos en el capítulo segundo del presente título *vinculan a todos los poderes públicos. Sólo por ley*, que en todo caso deberá respetar su contenido esencial, *podrá regularse el ejercicio de tales derechos y libertades*, que se tutelarán de acuerdo con lo previsto en el artículo 161,1, *a*». Principio de reserva de ley que se ve reforzado por la reserva de ley orgánica para «el desarrollo de los derechos y libertades públicas» (art. 81).

La cuestión básica que suscita esta primera tanda

---

47. E. Gómez Reino y Carnota, *Las libertades públicas en la Constitución*, en la obra colectiva citada *Lecturas sobre la Constitución española*, vol. I, pp. 31-37.

de garantías (desarrollo legislativo bien por ley ordinaria o bien por ley orgánica) es la de si los derechos y libertades reconocidos en la Constitución son directamente esgrimibles ante las distintas instancias jurisdiccionales pese a que no hayan obtenido desarrollo legislativo.

Hans-Peter Schneider pensaba que, a tenor de lo dispuesto en el artículo 53,1, frase primera, constituyen (los contenidos en el capítulo 2 del título I) un «derecho directamente aplicable»[48] de modo semejante a lo que sucede en la Constitución de la República Federal Alemana ya que en los poderes públicos están incluidos el legislador, el poder ejecutivo y la jurisdicción.

También opina así Garrido Falla para quien «los derechos y libertades del capítulo 2 no son preceptos programáticos que esperen leyes de desarrollo. Son invocables directamente ante los tribunales de justicia (contencioso-administrativos y ordinarios civiles y penales) y en su letra y espíritu puede fundamentarse tanto el "petitum" de una demanda como una sentencia judicial».[49]

Pero, aun supuesta la adecuada determinación de la naturaleza normativa de tales declaraciones constitucionales —en los casos en que lo fueren—, desde una perspectiva de eficacia no sólo jurídica sino también política, hay que tener muy en cuenta la frecuentísima remisión a leyes de desarrollo de tales declaraciones constitucionales (por ejemplo: art. 16,1; art. 17,1,3,4; art. 18,4; art. 19, párrafo 2; art. 20,1 *d*, y 3; art. 23,2; art. 24,2, párrafo 2; art. 27,7, 9 y 10, etc., etc.).

En cualquier forma y pese a tales dificultades se debe mantener esa exigibilidad y aplicabilidad inmediata de las declaraciones constitucionales de derechos y libertades puesto que tales derechos de la libertad forman parte de la propia estructura del Estado democrático de derecho y el funcionamiento de éste no puede hacerse

---

48. Hans Peter Schneider, «Peculiaridad y función de los derechos fundamentales en el Estado constitucional democrático», *R.E.P.*, núm. 7 (nueva época), pp. 7-35.

49. F. Garrido Falla, «El artículo 53 de la Constitución», en *Rev. Española de Administración Pública*, núm. 21 (abril-junio de 1979), p. 178.

depender de las posibles ausencias de desarrollo legislativo ordinario que puedan tener las correspondientes declaraciones constitucionales.[50]

Pero también nos encontramos ante un aspecto de garantías no jurisdiccionales en los mecanismos precautorios que la Constitución adopta al regular los supuestos de suspensión de los derechos y libertades (cap. 5, art. 55 en relación con lo dispuesto en el art. 116 de la misma, donde de nuevo se introduce el sistema de reserva material de ley —regulación general por ley orgánica— y control del gobierno por el Congreso de diputados y facultades de éste en la toma de decisiones concretas sobre tales casos de suspensión de los derechos y libertades).

Las *garantías jurisdiccionales*, que constituyen de alguna forma las garantías ordinarias de todos los ordenamientos constitucionales en materia de derechos y libertades, pueden dividirse, a su vez, en garantías genéricas para los distintos derechos y libertades y garantías específicas para los contenidos en el artículo 14 y sección 1 del capítulo 2. Entre las primeras destaca la protección jurisdiccional general prevista en el artículo 24,1. Como es obvio no se trata de una garantía especialmente destinada a la concreta defensa de los derechos y libertades constitucionales pero constituye una vía ordinaria para su eficaz protección.

El segundo tipo de garantías genéricas viene contemplado expresamente por el artículo 53, que prevé la tutela de los derechos y libertades por medio del control de la constitucionalidad de las leyes («se tutelarán de acuerdo con lo previsto en el artículo 161,1,*a*») —que habla del recurso de inconstitucionalidad contra las leyes y disposiciones normativas con fuerza de ley—. Ahora bien, cualquier ley está sujeta al control de su constitucionalidad y con justeza ha sido calificada por Rubio Llorente [51] como una proposición vacía de contenido o, al menos, añadimos nosotros, de contenido específico para el lugar que ocupa puesto que puede ser utilizada como

---

50. Véase P. Lucas Verdú, *Constitución española, edición comentada*, op. cit., pp. 135-141.
51. F. Rubio Llorente, *Enunciados...*, op. cit., pp. 162-163.

una vía válida para la protección jurisprudencial de los derechos y libertades constitucionales.

Más interés ofrecen, en cambio, las garantías específicas de carácter jurisdiccional previstas por el artículo 53,2 para los derechos y libertades contenidos en la sección 1.ª del capítulo 2. Ofrece dos vías principales: el recabamiento de su tutela ante los tribunales ordinarios por parte de los afectados, mediante un procedimiento basado en los principios de preferencia y sumariedad, y la utilización del llamado recurso de amparo ante el tribunal constitucional. En el primer aspecto, una disposición legislativa ordinaria —aprobada por las Cortes y aparecida incluso antes de que saliera publicada la Constitución (26 de diciembre de 1978)— ha desarrollado este procedimiento con cierto carácter provisional.[52]

En cuanto al segundo, de mayor interés desde el punto de vista político, se encuentra ya desarrollado por completo en la recién aprobada Ley Orgánica del Tribunal Constitucional.

Desde la perspectiva en que estamos intentando desenvolver estos comentarios, las anteriores distinciones nos llevan a una conclusión relativamente importante: que los derechos y libertades en la Constitución tal como se distribuyen en las secciones 1 y 2 del capítulo 2 y los principios contenidos en el capítulo 3 no sólo tienen una distinta naturaleza en materia de su eficacia y protección jurídica sino que, especialmente, han recibido un muy diverso grado de importancia por el constituyente sin que se vea clara la línea divisoria que le ha aconsejado a colocar unos y otros en los distintos apartados.

Por último, el tercer grupo de garantías no serían propiamente legislativas, ni jurisdiccionales, sino las derivadas de la introducción de figuras específicas destinadas a ejercer la protección de los derechos y libertades: tal es el caso del *defensor del pueblo* (art. 54), *las funciones del Parlamento* en tal cometido y la regulación del *derecho de petición* (art. 29,1). Se trata, en todo caso, de tres instituciones o figuras que ejercen una misión

---

[52]. Ley 62/1978 de 26 de diciembre sobre «Protección jurisdiccional de los derechos fundamentales de la persona».

genérica de tutela dentro del propio funcionamiento estatal puesto que ninguna de las tres puede ser exigida en sus resultados concretos por el ciudadano afectado: ni siquiera el derecho de petición cobra otros efectos —tal como al menos se dibuja en la Constitución— que el de la mera comunicación a las autoridades de una cierta situación del interesado.

Como resumen de lo dicho hasta este momento podemos recoger las siguientes características del texto constitucional español en materia de derechos y libertades:

a) Amplio reconocimiento y enumeración de los derechos y libertades.
b) Escasa sistematicidad en su regulación.
c) División de los mismos más por su naturaleza política (por la importancia concreta que el constituyente ha considerado que merecían) que por su estructura interna.
d) Enunciación de principios programáticos inspiradores de la acción pública cuya eficacia más inmediata puede ser la de constituirse en principios de interpretación de las normas constitucionales e infraconstitucionales.
e) Sistemas de garantías de diverso signo que cubren eficazmente sólo aquella parte de derechos y libertades considerados *fundamentales* por el constituyente.

2. La forma de gobierno:

la monarquía parlamentaria

La monarquía parlamentaria como principio caracterizador de la forma de gobierno. — De acuerdo con el artículo 1,3 de la Constitución española «la forma política del Estado español es la monarquía parlamentaria». Sin entrar a analizar el matiz diferenciador entre «forma política del Estado» y «forma de gobierno», lo cierto es que, como señalaba Pérez Serrano, en nuestra tradición se ha reservado este último término para distinguir sobre todo entre la forma monárquica y la republicana. E, incluso desde otra perspectiva, cuando se habla «de los diversos modos según los cuales se ordena y expresa en concreto la suprema voluntad estatal»[53] para referirse a las formas de gobierno, tal concepto es perfectamente aplicable a la connotación que aquí adoptamos; y ello sin perjuicio de que la generalización que supone el término «forma política del Estado» pueda cumplir la función política práctica «de contrarrestar todo intento de secuestro de la institución monárquica por un grupo social determinado».[54]

Ahora bien, en este sentido de forma de gobierno, por contraposición a la forma republicana, su característica distintiva estriba en su naturaleza como culminación de la estructura del Estado: el monarca, sujeto legitimado en la tradición histórica de la institución, ocupa la Jefatura del Estado y se somete a otras connotaciones decisivas; se trata de un monarca —jefe del Estado— que lo es tal en cuanto deriva de un principio previo fijado por la misma Constitución: el del parlamentarismo. De ahí que en esta primera aproximación definitoria, la monarquía, como forma política, venga caracterizada por su sometimiento al titular originario de la soberanía (el pueblo), al órgano estatal que de derecho la ejerce (el Parlamento) y al texto fundamental que regula este conjunto de relaciones (la Constitución). Es, pues, un monarca constitucional dentro de un régimen parlamentario.

Como recientemente ha puesto de manifiesto Sánchez Agesta,[55] del artículo 1,3, entre otros preceptos, se desprende «una doctrina que quiere desplazar hacia las Cortes y más concretamente hacia el Congreso, el peso de todas las decisiones políticas, configurando al rey como una institución de representación social». Opinión

---

53. C. MORTATI, *Istituzioni di diritto publico*, Cedam, Padua, 1976, t. II, p. 135.
54. M. HERRERO DE LERA, *La instauración monárquica en España: proceso jurídico-político de su conformación como monarquía parlamentaria*, en *Lecturas sobre la Constitución española*, op. cit., p. 202.
55. L. SÁNCHEZ AGESTA, *La Constitución española...*, op. cit., p. 159.

que no se contradice con la que tiempo antes el mismo autor había vertido sobre este aspecto al ser regulado por el proyecto constitucional: «El proyecto revela claramente un propósito de racionalizar el régimen parlamentario, expresando en derecho escrito el resultado de un proceso evolutivo y consuetudinario en las monarquías europeas que han establecido en el cuadro de una monarquía constitucional y democrática el régimen parlamentario».[56]

REGULACIÓN CONSTITUCIONAL. — Establecida la definición genérica del significado de la monarquía como forma política del Estado, el título II de la Constitución es dedicado a su concreta regulación. De dicho articulado es preciso destacar los artículos 56 y 62 como preceptos que enmarcan el significado de la monarquía y de la propia institución monárquica. Entre ambos ponen de relieve el marco y la significación institucional de la figura que estamos comentando.

En efecto, en dicha regulación es posible distinguir tres planos complementarios: el primero, la definición del rey como *jefe del Estado*, símbolo de su unidad y permanencia y suprema representación del mismo en las relaciones internacionales; el segundo hace referencia a la misión o papel que debe ejercer dentro del sistema constitucional: *es árbitro y moderador* del funcionamiento regular de las instituciones (tanto un plano como otro vienen contemplados en el artículo 56,1); y, finalmente, el tercero está recogido en las *competencias que se le atribuyen* para que pueda hacer efectivas tanto su naturaleza de jefe del Estado como la función genérica del arbitrio y moderación del conjunto institucional del Estado.

En esta triple consideración, el rey no queda incluido en los poderes clásicos (legislativo, ejecutivo y judicial) y por tanto no puede ser adscrito a ninguno de ellos. Por el contrario, su misión genérica es velar por el «normal funcionamiento de las instituciones». En términos de sistema parlamentario esto quiere decir, entre otras

---

56. L. SÁNCHEZ AGESTA, *Estudios sobre el proyecto de Constitución*, CEC, Madrid, 1978, p. 116.

cosas, que debe procurar que las relaciones de colaboración y, en cierta medida, las de control inter e intraorgánicas de los distintos poderes funcionen de manera adecuada a las previsiones constitucionales. En ello se vierte su capacidad de arbitrio y moderación, lo que en ningún caso conlleva un carácter «neutral» de la institución porque, por definición, ningún poder es «neutral».

Precisamente esta falta de neutralidad se manifiesta en el tercer elemento, es decir, en que al rey se atribuyen competencias concretas y, por tanto, un poder concreto: sancionar y promulgar las leyes; convocar y disolver las Cortes generales y convocar elecciones en los términos previstos en la Constitución; convocar a referéndum en los casos previstos en la Constitución; proponer el candidato a presidente del gobierno y en su caso nombrarlo (es decir, si el Congreso le otorga su confianza en los términos previstos en el artículo 82) así como poner fin a sus funciones en los términos previstos en la Constitución; nombrar y separar a los miembros del gobierno a propuesta de su presidente; expedir decretos acordados en el consejo de ministros, conferir los empleos civiles y militares y conceder honores y distinciones con arreglo a las leyes; ser informado de los asuntos del Estado y presidir, a estos efectos, las sesiones del consejo de ministros, cuando lo estime oportuno, a petición del presidente del gobierno; ostentar el mando supremo de las fuerzas armadas; ejercer el derecho de gracia conforme a la ley, sin que quepa la concesión de indultos generales; el alto patronazgo de las reales academias; acreditar a los embajadores y altos representantes diplomáticos; manifestar el consentimiento del Estado para obligarse internacionalmente por medio de tratados; y, finalmente, mediante autorización de las Cortes generales, declarar la guerra y acordar la paz (arts. 62 y 63).

En su doble condición, pues, de jefe de Estado y árbitro y moderador del regular funcionamiento de las instituciones, el monarca tiene atribuidas unas competencias estrictamente fijadas en la Constitución. De ahí su significado de monarca constitucional dentro de un sistema parlamentario. Ambos extremos (determinación de sus poderes en la Constitución y fijación o diseño por ésta de un régimen o sistema parlamentario con las características ya señaladas) introducen dificultades notorias al ejercicio del llamado «poder de reserva» del monarca; es decir, aquel poder que el rey, en cuanto cúspide del sistema político, puede poner en práctica, en momentos de anormalidad constitucional: y ello porque las propias situaciones de anormalidad constitucional están contempladas y previstas en la propia Constitución y el ignorar sus disposiciones al respecto acarrearía la vulneración del sistema constitucional mismo. En otras palabras, parece discutible, desde una perspectiva democrático-constitucional, que en beneficio del sistema democrático se vulneren sus propias disposiciones.

Otra cuestión se plantea, no obstante, si trasladamos la figura monárquica al campo del proceso político concreto. En este ámbito sí que puede jugar el monarca un poder de reserva en sentido material (y de hecho en los actuales momentos lo está jugando) pero no en tanto en cuanto su papel se deriva de las normas constitucionales, sino sobre todo en cuanto su poder se basa en una determinada legitimidad generalmente admitida (y de ahí su carácter de «institución de representación social» como denominaba Sánchez Agesta en un sentido político directo más que en su expresión constitucional) y como tal su actuación es aceptada por las fuerzas políticas en presencia y por las propias instituciones estatales.[57]

ESTATUTO DE LA CORONA. — A las notas anteriormente mencionadas hay que añadir un par de caracteres más (recogidos en el art. 56,3) que contemplan el cuadro institucional de la monarquía española. Por una parte, el reconocimiento de la irresponsabilidad y la inviolabilidad de la persona del rey; por otro, la previsión complementaria de la necesidad del refrendo, bien del presidente del gobierno o bien de los ministros o bien, finalmente, para los casos de propuesta y nombramiento del presidente del gobierno y disolución de las cámaras, por el presidente del Congreso.

57. Los hechos del intento de golpe de Estado ocurridos el «23 de Febrero» confirman sobradamente esta afirmación que ya se enunciaba en la 1.ª edición de la presente obra.

El refrendo previsto es el clásico de las monarquías constitucionales que, por un lado, desplaza la responsabilidad del rey a los signatarios de sus decisiones y, por otro, asegura que sus actos —aunque no su persona— estén sometidos al control jurídico y político (es decir, sujetos a responsabilidad) que se deriva del ordenamiento constitucional sobre las personas que los refrendan. Esta irresponsabilidad del monarca es tal vez uno de los pocos poderes de prerrogativa contemplados en la Constitución actual. Cabe preguntarse, no obstante, si tal precepto puede extenderse a lo que algún autor ha denominado «responsabilidad política difusa» consistente en el ejercicio de una crítica institucional y social que pueda servir de control a los actos del monarca como tal. Ello nos parece viable dado ese carácter del monarca como institución de «representación social» a la que aludía Sánchez Agesta e incluso conveniente por la extensión que supone del principio del control democrático a todas las instituciones del Estado.

Finalmente, las demás disposiciones que definen el estatuto de la Corona se refieren a las reglas sucesorias de acuerdo con las pautas de las constituciones monárquicas y especialmente de la Constitución española de 1876 (arts. 57 a 60 de la Constitución actual), a su legitimación como representante de la dinastía histórica (art. 57,1) y a su carácter constitucional derivado del compromiso de «guardar y hacer guardar la Constitución» en el momento de ser proclamado como rey por las Cortes generales (art. 61,1).

3. La estructura del Estado o forma de Estado

Introducción. — Como dejábamos indicado con anterioridad, son dos las principales novedades de la Constitución española actual: la primera, el diseño de un Estado democrático con los caracteres ya apuntados; la segunda, inseparable de la anterior, la introducción de un proyecto de redistribución territorial del poder político. Estado democrático y autonomías políticas se nos presentan de esta forma como los dos ejes vertebradores inseparables del nuevo proyecto de convivencia política en España.

El supuesto democrático se fundamenta en el ejercicio de la soberanía popular en sus distintas manifestaciones; la reestructuración territorial del poder se proyecta no sólo sobre un distinto sistema de ejercicio del poder político sino también sobre el propio tipo de Estado.

Este último es el aspecto que nos preocupa en estos momentos y que da pie a la sistemática utilizada. Y ello porque, partiendo del modelo estructural del Estado-nación unitario y centralizado propio no sólo del franquismo anterior sino de toda la tradición histórico-política que arranca del modelo borbónico, la Constitución española de 1978 ofrece uno distinto. Tras recoger los principios de unidad (de la nación española), autonomía (de las nacionalidades y regiones) y de solidaridad (entre estas últimas) formula un esquema de funcionamiento institucional y de relación entre los distintos poderes que configura un posible nuevo tipo de Estado donde exista un claro reparto (desigual) del poder entre el Estado central y las comunidades autónomas.

Nuestro punto de partida, en tal situación, ha de intentar ser el meramente descriptivo a fin de facilitar una conceptualización posterior. Insistimos en ello: de acuerdo con la Constitución, hay dos centros de imputación de poder de naturaleza diversa. Por un lado, el Estado central; por otro, las comunidades autónomas.

Instituciones y poderes del Estado central

A) El Parlamento

1. *Caracteres generales del Parlamento*

Siguiendo la distribución clásica del régimen parlamentario bajo la óptica del principio de la división de poderes, debemos abordar en primer término el llamado *poder legislativo*.

De acuerdo con la Constitución dicho poder se encuentra representado y ejercido por las llamadas Cortes generales, cuya regulación se establece en el título III (arts. 66 al 96). El Parlamento o Cortes generales, según una denominación asentada históricamente en nuestra tradición constitucional, se ordena bajo un sistema bicameral: una cámara baja (Congreso de los diputados) y una cámara alta (Senado). Su entronque con la soberanía popular (principio representativo) estriba en que «representan al pueblo español» (art. 66,1) y sus funciones giran en torno al ejercicio de la potestad legislativa y demás actividades conectadas con su papel de poder del Estado: «ejercen la potestad legislativa del Estado, controlan la acción del gobierno y tienen las demás competencias que les atribuya la Constitución» (art. 66,2).

Como titular real de la soberanía, el Parlamento adquiere su preeminencia teórica sobre los demás poderes del Estado y se convierte en el eje referencial de los regímenes políticos parlamentario-democráticos. Tal superioridad se halla también presente en nuestro texto constitucional al menos en dos aspectos fundamentales: es el único complejo orgánico que puede legislar *strictu sensu* y es también el único que puede controlar al poder ejecutivo o gobierno.

Ese doble bloque de proyección (legislación y control) adquiere, como es lógico, un desarrollo específico en la Constitución española.

2. *Naturaleza, composición, órganos y funcionamiento*

Como cuestión previa al análisis de las tareas de legislación y control, se hace inevitable ofrecer una primera descripción constitucional del sujeto que las realiza. Es decir, de la naturaleza, composición, órganos y funcionamiento del Parlamento.

En el primer aspecto, nos encontramos ante un órgano complejo de carácter colegiado, deliberante y representativo, sujeto a la Constitución, que ejerce la suprema potestad legislativa y mantiene relaciones de diversa índole con los otros poderes e instituciones del Estado.

a) Es el poder más importante del Estado, teóricamente, en cuanto representante y actuante permanente de la soberanía popular en la que se basa el sistema político democrático. Y es poder tanto en el sentido de que forma parte del poder genérico del Estado como en el sentido orgánico-funcional de constituir un sector específico del mismo (unas veces en relaciones de colaboración, otras de control y contrapeso) al lado de los otros sectores de poderes de ese mismo Estado: principio de la división de poderes.

b) Es, a su vez, un órgano complejo también en un doble sentido: porque, en primer término, se compone de dos cámaras; y porque, en segundo, cada cámara se subdivide en órganos menores que posibilitan el ejercicio de las diversas competencias que tiene atribuidas para hacer efectivo su propio ámbito de poder. El entrecruzamiento del bicameralismo y de los órganos internos da como resultado la decisión parlamentaria cualquiera que sea la naturaleza de ésta.

c) El carácter colegiado y deliberante le viene por ser un órgano formado por una pluralidad de personas, cuya voluntad se forma por el encuentro de voluntades individuales coincidentes siguiendo el principio de la mayoría.

d) Respecto a la naturaleza representativa, base de la propia institución parlamentaria, ya hemos comentado su significado anteriormente.

e) La última nota que nos interesa destacar es la de tratarse de un órgano complejo sometido a la Constitución —constituido— lo que viene a poner de relieve, desde un punto de vista negativo, que no se trata de un órgano soberano (Sánchez Agesta).

En cuanto a su composición, ya hemos indicado que se estructura en régimen bicameral. Ahora bien, los miembros de cada una de las cámaras ejercen una distinta representación y proceden de un también distinto sistema electivo.[58]

El Senado está compuesto por 208 senadores: cuatro elegidos por cada una de las provincias (art. 69,2), tres por cada una de las islas mayores de las provincias in-

---

58. La regulación todavía vigente en materia electoral es la misma que ordenó las elecciones legislativas del 15 de junio de 1977 (Real Decreto-ley de 18 de marzo de 1977) con la única excepción de la supresión, por aplicación de las normas constitucionales, de la facultad del monarca para nombrar directamente el número de senadores anteriormente mencionado.

sulares (Gran Canaria, Mallorca, Tenerife), uno por Ibiza-Formentera, Menorca, Fuerteventura, Gomera, Hierro, Lanzarote y La Palma, dos senadores por Ceuta y otros dos por Melilla. Se prevé para el futuro, cuando estén constituidas las comunidades autónomas (o alguna de ellas) que éstas también tendrán representación en el Senado, a razón de uno por cada comunidad y otro por cada millón de habitantes de su respectivo territorio (art. 69,5). La duración del mandato de los senadores es de cuatro años.

El Congreso de los diputados se compone en la actualidad de 350 miembros, elegidos también por circunscripciones electorales provinciales bajo el sistema proporcional atenuado. La Constitución prevé un mínimo de 300 diputados y un máximo de 400. Su mandato, al igual que en el caso del Senado, es también de cuatro años.

La pertenencia a una de las dos cámaras es incompatible con la pertenencia a la otra.

En lo que respecta a los órganos del Parlamento, aparte de su división en dos cámaras ya comentada, mencionemos aquí únicamente la existencia dentro de ellas de una variedad de órganos de distinto tipo, procedencia y competencias: el presidente, la mesa, comisiones, grupos parlamentarios y diputación permanente entre otros.

El funcionamiento del Parlamento, en la actualidad, se basa tanto en los correspondientes preceptos constitucionales (arts. 72 a 80) como en los reglamentos aprobados por las propias cámaras: El principio de autonomía parlamentaria (art. 72) confiere a las Cortes generales el establecimiento de reglamentos propios (actualmente de 10 de febrero de 1982 para el Congreso de diputados y de 26 de mayo del mismo año para el Senado), aprobación de sus presupuestos y regulación conjunta del estatuto del personal a su servicio.

Las cámaras se reúnen anualmente en dos períodos ordinarios de sesiones: de septiembre a diciembre y de febrero a junio. Pueden también reunirse en sesiones extraordinarias a petición del gobierno, de la diputación permanente o de la mayoría absoluta de los miembros de cada una de ellas. Dichas sesiones se celebran por regla general por separado aunque se prevé su sesión conjunta, entre otras materias, en lo que se refiere a proclamar al monarca.

A su vez, cada cámara puede funcionar en pleno y en comisiones, previéndose la creación de comisiones legislativas permanentes para la aprobación de proyectos o proposiciones de ley, previa delegación en tal sentido realizada por el Pleno de la cámara correspondiente. Cada cámara tiene una diputación permanente —presididas por su presidente— que asumen las facultades de las mismas en el caso de que éstas sean disueltas y mientras dura el período hasta la constitución del nuevo Parlamento.

3. *Los poderes del Parlamento*

a) *La potestad legislativa.* — Superados en el trámite de la comisión constitucional del Congreso los principios de reserva de ley y reserva reglamentaria, el Parlamento quedó reafirmado en su posición de poder con capacidad legislativa de carácter expansivo. En otros términos, de acuerdo con la Constitución, cualquier materia puede ser objeto de regulación mediante una ley formal.

Esta capacidad legislativa expansiva se ve reforzada por las muy variadas disposiciones constitucionales que contienen una cláusula de reserva material de ley, es decir, que ordenan que determinadas cuestiones deben ser necesariamente reguladas por ley: de acuerdo con el cómputo efectuado por A. Serrano [59] la Constitución enumera al menos 108 materias regulables por ley formal.

Ahora bien, este principio de reserva material de ley cobra significado distinto según la clase o tipo de ley a que se refiera: la Constitución, como es sabido, establece la categoría de *ley orgánica* y la categoría de *ley ordinaria*. Las diferencias entre ambas vienen dadas por la superior importancia que, a juicio del constituyente, tienen determinadas materias y, en consecuencia, por el

---

59. A. Serrano, «El principio de legalidad; algunos aspectos problemáticos», en *R.E.D.A.*, núm. 20 (enero-marzo 1979), p. 89.

distinto trámite que se exige para la formación de la voluntad legisladora y su consiguiente plasmación como ley. En el aspecto material deben ser leyes orgánicas las relativas «al desarrollo de los derechos fundamentales y libertades públicas, las que aprueben los estatutos de autonomía y el régimen electoral general» (art. 81) además de las que específicamente establezca la propia Constitución. En concreto se exigen leyes orgánicas en los artículos 8, 54, 55, 57, 87, 92, 104, 107, 116, 122, 136, 141, 144, 147, 149-29, 150, 157 y 165. En lo referente al trámite, las leyes orgánicas exigen para su aprobación, modificación o derogación, la mayoría absoluta del Congreso en votación final sobre el conjunto del proyecto (art. 81,2). La potestad legislativa en las materias que hayan de ser reguladas por leyes orgánicas es *indelegable*: obvio es decir que las leyes ordinarias no tienen estos caracteres reforzados propios de las leyes orgánicas: pueden regular cualquier materia (la *vis atractiva* de la ley), pueden ser objeto de delegación y para su aprobación basta la mayoría simple del Congreso.

Conviene ahora, para terminar esta breve exposición de las competencias legislativas del Parlamento, determinar el reparto de funciones entre las dos cámaras que lo componen.

A pesar de la declaración del párrafo 2 del artículo 66 («las Cortes generales ejercen la potestad legislativa del Estado...») lo cierto es que la ejercen de muy diverso modo según se trate del Congreso o del Senado. En otras palabras, no nos encontramos ante dos cámaras colegisladoras en sentido estricto, sino más bien —en este ámbito— ante un bicameralismo imperfecto: mientras el Congreso goza de todas las competencias en materia de ejercicio de la potestad legislativa (derecho de iniciativa, elaboración y discusión del proyecto o proposición de ley, según los casos, y finalmente aprobación), el Senado, en cambio, limita su actividad al ejercicio del derecho de iniciativa y al de deliberar sobre los proyectos o proposiciones previamente aprobadas por el Congreso con las siguientes posibilidades: no oponerse al proyecto del Congreso; oponerse y vetar a la totalidad de dicho proyecto; oponerse parcialmente introduciendo determinadas enmiendas. En los dos últimos supuestos no se trata propiamente de un derecho de veto (todo lo más y muy remotamente de un veto con carácter suspensivo limitado) sino de un derecho de devolución para que el Congreso reconsidere su anterior aprobación: cualquiera que sea la decisión del Congreso, una vez que el texto le ha sido reenviado por el Senado (por mayoría absoluta o por mayoría simple, según los casos) es ésta quien cobra la vigencia definitiva (art. 90).

b) *Control del gobierno y la administración.* — El segundo gran bloque de funciones otorgadas por la Constitución al Parlamento se refiere a una de las misiones clásicas del régimen parlamentario: el control mutuo de los diversos poderes.

1.º *El control sobre el gobierno (control político).* — Las disposiciones constitucionales en esta materia recogen el principio genérico parlamentario de la responsabilidad solidaria del gobierno ante el Parlamento y, en concreto, ante el Congreso de los diputados (art. 108). Se trata de una responsabilidad política y no jurídica. Quiere ello decir que el gobierno debe contar con la confianza del Parlamento tanto en su gestión política general como en su gestión o actividad concreta.

En el primer aspecto (gestión política general) la falta de confianza o la exigencia de la responsabilidad se puede efectuar por un procedimiento al que ya hemos hecho alusión: la llamada moción de censura constructiva, propia de los llamados parlamentarismos racionalizados o de ejecutivo fuerte, que se regula en el artículo 113 de la Constitución. Se trata, como es evidente, de un mecanismo de escasa virtualidad práctica pero que cumple con la función legitimadora general de mantener el principio de ejercicio del control parlamentario.

En el segundo (gestión concreta) el Parlamento cuenta con los mecanismos de control ordinario (en la mayoría de los casos de simple «hostigamiento» al gobierno y relativa conexión con la opinión pública que de esta forma se siente o puede sentirse identificada con las diversas fracciones parlamentarias): derecho a recabar información del gobierno, a reclamar la presencia de sus miembros en determinadas sesiones parlamentarias, a efectuar interpelaciones y preguntas.

El ejercicio de estas funciones de control ordinario, aparte de su tramitación reglamentaria, puede verse beneficiado por la utilización de las «comisiones de investigación» que prevé el artículo 77. Sin embargo, hay que diferenciar el control político al que nos hemos venido refiriendo y que es ejercicio exclusivamente por el Congreso, de este otro tipo de control generado a través de dichas comisiones de investigación ya que éstas pueden ser nombradas por ambas cámaras y su objeto no se limita al control de la actividad del gobierno, sino que puede recaer sobre «cualquier asunto de interés público».

2.º *El control sobre la administración.* — El poder del Parlamento en materia de control sobre la administración queda regulado en el texto constitucional como un poder de carácter indirecto. En primer lugar, porque la actuación administrativa se sujeta al principio de legalidad y la vigilancia por la observación del mismo corresponde por entero a los órganos jurisdiccionales del Estado. En segundo, porque es el propio gobierno quien dirige la administración (art. 97) y, por tanto, quien políticamente es responsable de los actos de ésta. Por último, porque la esfera de actividad propiamente administrativa se halla delimitada de un lado por el campo propio de los derechos y libertades de los ciudadanos y, de otro, por la presencia de una figura emanada del Parlamento —*el defensor del pueblo*— en cuanto órgano encargado de ejercer este control.

En este sentido, el defensor del pueblo («alto comisionado de las Cortes generales» para la defensa de los derechos y libertades ciudadanas que, a tales efectos, puede «supervisar la actividad de la administración, dando cuenta a las Cortes generales» —art. 54—) es un órgano de control parlamentario indirecto de la administración. No es el Parlamento quien lo efectúa sino un órgano derivado —nombrado— que no agota su actividad ni en el control de la administración ni en el «dar cuenta» a las Cortes generales; tiene atribuidas una serie de competencias relativamente autónomas en el ejercicio de la misión de defensa que constitucionalmente le viene encomendada: legitimación para actuar ante el tribunal constitucional principalmente. No obstante, la importancia de esta institución dependerá, una vez más, de la ley orgánica que en su día regule su funcionamiento y competencias.[60]

c) *Otros poderes del Parlamento*

1.º *Respecto del monarca.* — Las funciones del Parlamento en relación con la Corona quedan reguladas en el texto constitucional bajo una perspectiva de protección de la institución monárquica. En este sentido las misiones de las Cortes generales, que deberán ser desempeñadas conjuntamente por las dos cámaras, tienden más a suplir determinados vacíos posibles en el mantenimiento y desarrollo de la institución de la Corona que a ejercer cualquier tipo de actividad que pueda suponer un control de la misma: así, la competencia más importante de que dispone el Parlamento en esta materia reside en proveer a la sucesión de la Corona cuando se extingan las líneas de herencia de la actual dinastía (art. 57,3). El mismo sentido cobran los casos en que las Cortes pueden nombrar regente o tutor (arts. 59,3 y 60,1) y finalmente el reconocimiento de la inhabilitación del rey cuya cuidadosa redacción (art. 59,2: «Si el Rey se inhabilitare para el ejercicio de su autoridad y la imposibilidad reconocida por las Cortes generales...») encomienda al Parlamento una mera función cuasi registral: quien se inhabilita es el propio rey; las Cortes no tienen otro poder que el de constatar dicha imposibilidad.

2.º *Respecto de las comunidades autónomas.* — Diferente posición es la que adopta el Parlamento en relación con las comunidades autónomas. Sin perjuicio de que más adelante volveremos sobre este tema al plantear las relaciones entre el Estado central y dichas comunidades, podemos ahora recoger los tipos de función encomendados a las Cortes en materia de funcionamien-

60. I. E. PITARCH, *El ombudsman en el Estado intervencionista*, en la obra colectiva *El control parlamentario del gobierno en las democracias pluralistas (el proceso constitucional español)*, edición de M. RAMÍREZ JIMÉNEZ, pp. 420-433. Del mismo autor, véase igualmente «Estructura i funcions de l'ombudsman al dret comparat. Propostes per a la Generalitat», en *Rev. d'Administració Pública*, núm. 1, U.A.B., Barcelona (junio 1979), pp. 129-171.

to autonómico. Para ello, es preciso distinguir al menos dos tipos de funciones:

a) La correspondiente a la capacidad legislativa de las Cortes en dicho campo.

b) Las funciones de intervención y control no específicamente legislativas.

Dentro de las primeras, el principio general que se sienta en la Constitución vigente es el de encuadrar el nacimiento y desarrollo y actividad concreta de las autonomías dentro de los marcos legales fijados (normalmente mediante ley orgánica) por las Cortes generales con arreglo a los márgenes contenidos en la propia Constitución. Es decir, se reserva al Parlamento la potestad de disponer las normas de encuadramiento a partir de las disposiciones legislativas del Estado y con sometimiento a las mismas tanto para la aprobación de los respectivos estatutos de autonomía como de determinados supuestos especiales: autorización de constitución de comunidad autónoma cuando no reúna las condiciones generales establecidas para que tal comunidad se constituya; autorizar o acordar, en su caso, un estatuto de autonomía para territorios que no estén integrados en la organización provincial; sustituir la iniciativa de las corporaciones locales en el desarrollo del proceso autonómico. En este mismo ámbito de encuadramiento legislativo se encuentra también la previsión constitucional de reservar al Estado la posibilidad de «dictar leyes que establezcan los principios necesarios para armonizar las disposiciones normativas de las comunidades autónomas, aun en el caso de materias atribuidas a la competencia de éstas, cuando así lo exija el interés general» (art. 150,3).

Al segundo tipo de funciones —las de intervención y control no legislativo— pertenece la competencia necesaria del Parlamento para dar autorización a que se adopten acuerdos de cooperación entre comunidades autónomas en el supuesto de que la previsión de los mismos no haya sido contemplada en sus respectivos estatutos (art. 145,2), así como la competencia del Senado para autorizar las medidas a adoptar por el gobierno en caso de que una comunidad autónoma no cumpla con las obligaciones que la Constitución u otras leyes le impongan o actuare de forma que afecte gravemente al interés general del Estado (art. 155,1) (véanse las críticas que a esta disposición realiza Tomás R. Fernández, *Lecturas sobre la Constitución española*, vol. I, «La organización territorial del Estado y la administración pública en la nueva Constitución», pp. 353 y 354) y finalmente el reparto del fondo de compensación entre las distintas comunidades autónomas.

3.º *Respecto de otros órganos del Estado.* — Además de las funciones anteriormente enumeradas, el Parlamento interviene en la formación de dos órganos constitucionales de enorme trascendencia en la vida política: el Consejo superior del poder judicial y el tribunal constitucional. En el primer supuesto de sus veinte miembros, el Parlamento propone ocho que han de ser nombrados por el rey: cuatro a propuesta del Congreso y cuatro a propuesta del Senado, elegidos en ambos casos por mayoría de tres quintos de cada Cámara; en cuanto al tribunal constitucional, de los doce miembros que lo componen, el Parlamento propone también ocho con similares características al anterior.

El significado de estas atribuciones, desde la perspectiva que estamos siguiendo, no deriva tanto de la intervención parlamentaria en el funcionamiento del poder judicial (en el primer caso) o de la jurisdicción constitucional (en el segundo) cuanto de una cierta presencia del principio de soberanía popular en los distintos ámbitos estatales y también de la presencia de los partidos políticos que operan en el propio Parlamento en cuanto órganos que, en última instancia, sirven de enlace entre el conjunto social y el conjunto político institucional. Sobre este punto volveremos más adelante.

B) El gobierno y la administración

Sentado el principio de «monarquía parlamentaria» y advertidos los rasgos generales de la supremacía teórica del Parlamento, el segundo gran bloque de poder político institucional viene representado por el gobierno.

También aquí la regulación genérica de nuestro texto recoge, con mejor o peor fortuna, los componentes esenciales del funcionamiento del ejecutivo en las democracias occidentales. Dichos elementos se vierten en una doble perspectiva: en relación con el conjunto institucional y en relación con el sentido político que se confiere al mismo y que se refleja en el cuadro de relaciones con los demás poderes e instituciones.

a) *Poderes y funciones.* — De acuerdo con las disposiciones constitucionales, el gobierno ejerce las siguientes funciones:

1.º *De carácter político.* — *a*) Respecto de la política interior del Estado, realizar su programa de gobierno, previamente aceptado por el Parlamento a través del voto de investidura.

b) Respecto de la política exterior, dirigirla con la autorización (normalmente previa) de las Cortes generales.

c) Respecto de poderes, órganos e instituciones del Estado: disolver las Cortes; proponer al rey referéndum consultivo, previa autorización del Congreso de diputados; interponer el recurso de inconstitucionalidad; tomar parte en la declaración de situaciones de anormalidad constitucional (estados de alarma, excepción y sitio).

2.º *De dirección de la administración civil y militar.* — Ni que decir tiene que estas funciones directivas, que parten de la distinción entre administración y política, entre actos administrativos y actos políticos, son de imposible distinción respecto de las funciones anteriores: «no existe, en efecto, ninguna posibilidad seria de distinguir netamente lo político de lo administrativo, ni en el plano funcional (toda decisión administrativa tiene una incidencia política y toda decisión política requiere una intervención administrativa, de preparación primero, de ejecución después y de apoyo siempre), ni en el orgánico (el gobierno, como tal, su presidente y los ministros son formalmente los órganos superiores de la administración, amén de su papel político) porque entre ambos planos existe una imbricación constante».[61]

3.º *De carácter legislativo:* — Utilización del derecho

61. Tomás R. FERNÁNDEZ, *La organización territorial del Estado y la Administración Pública en la nueva Constitución*, en *Lecturas...*, *op. cit.*, vol. I, p. 358.

de iniciativa legislativa mediante la presentación de proyectos de ley; ejercicio de la legislación delegada, en su doble variante de desarrollo de ley de bases, en la que se contiene los términos de la propia delegación, y de refundición de diversos textos legales previa autorización del Parlamento en tal sentido; y, finalmente, los Decretos-leyes por carácter de urgencia que en un plazo de treinta días deberán ser aceptados o rechazados por el Parlamento.

4.º *De carácter ejecutivo.* — De ejecución de las leyes mediante la administración y ejerciendo su potestad reglamentaria para desarrollar dichas normas. No podemos abordar aquí, por no ser ése el campo que nos hemos propuesto, la compleja problemática de la naturaleza de la potestad reglamentaria y ni tan siquiera aludir al conocido tema de la posibilidad de «reglamentos independientes» de naturaleza materialmente legislativa... Pero es obvio la necesidad de indicar que el campo de actuación juridificada y sometido a control jurisdiccional propio de la actividad gubernamental (y, por lo tanto, ejecutivo en sentido estricto) tiene una especial significación en el concreto ámbito de la aplicación y desarrollo de las leyes.

Las funciones genéricamente apuntadas hasta este momento al moverse en el plano de las declaraciones formales de la Constitución no hacen sino recoger los caracteres tradicionales correspondientes a cualquier poder ejecutivo de un régimen parlamentario. Adquieren, sin embargo, significado distinto si las enmarcamos con otras disposiciones y mecanismos que la propia constitución introduce y que matizan dicho significado.

b) *Composición y funcionamiento.* — 1.º «El gobierno se compone del presidente, de los vicepresidentes en su caso, de los ministros y de los demás miembros que establezca la ley» (art. 98,1). Los principios que regulan el funcionamiento del gobierno (colegialidad en la formación de la voluntad gubernamental, preeminencia de la figura del presidente del gobierno y solidaridad en su responsabilidad ante el Parlamento) encierran buena parte del sentido que cobra el gobierno considerado en su faceta institucional.

Por el primero de ellos, el presidente del gobierno se configura como la representación unipersonal de todo el ejecutivo: propone el nombramiento y separación de los miembros del gobierno, dirige su política (art. 98,2), hace jugar la responsabilidad del gobierno, tras la oportuna deliberación del consejo de ministros, mediante la utilización de la cuestión de confianza (art. 112) y, sobre todo, con el mismo trámite que en el caso anterior, propone bajo su exclusiva responsabilidad la disolución de las Cortes (art. 115,1). Finalmente, el propio sistema de otorgamiento de confianza por parte del Congreso al *candidato* propuesto por el monarca para ocupar el cargo de presidente del gobierno, sitúa a esta figura como el centro decisorio del ejecutivo.

Sin embargo, las especiales competencias que tiene atribuidas y su superior importancia no son tanto de carácter jurídico como de carácter político: en efecto, para el ejercicio de las mismas el presidente no se halla sometido a ninguna disposición especial sino que lo que compromete cuando las lleva a cabo es la propia responsabilidad política del gobierno. Y ello fundamentalmente porque el gobierno, como tal órgano colegiado, desde un punto de vista formal, ha de actuar de acuerdo con las reglas de formación de la voluntad propias de los órganos colegiados. La presunción de ese tipo de funcionamiento (pese a que indudablemente se vea contradicho en la práctica) tiene su apoyo constitucional en el segundo de los principios antes señalados: la responsabilidad solidaria del gobierno ante el Congreso de diputados por su gestión política (art. 108). Volvemos, como se ve, a encontrarnos con la distinción entre la «gestión política» y la gestión no política o administrativa que nos reconduce a los problemas que ya anteriormente desistimos de comentar. Queda, no obstante, un tema conectado con este último que ha sido puesto de relieve por algunos comentaristas: el que la Constitución reconozca (art. 98,2) la competencia y responsabilidad directa de los ministros y demás miembros del gobierno «en su gestión».

Se trata, evidentemente, de una responsabilidad *no política* (criminal, civil o administrativa) y en tal sentido es casi una nueva proposición vacía de contenido por su propio carácter de obviedad.

Sin embargo, si dicha responsabilidad no es de carácter político, a título provisional puede interpretarse que los miembros del gobierno no incurren en tal tipo de responsabilidad política individual *porque* sus actos en el ámbito propio de sus competencias son de naturaleza administrativa y no política: sujetos, por tanto, al principio de legalidad —en términos amplios— y al control de la jurisdicción contencioso-administrativa en la materia que a nosotros nos concierne.

2.º El mandato del gobierno, como en los demás regímenes parlamentarios, dura el tiempo de una legislatura: es decir, cuatro años como principio general, a no ser que se disuelva el Parlamento con anterioridad. La caída del gobierno también obedece a los mecanismos clásicos: por dimisión, incapacidad o muerte de su presidente; por el triunfo de una moción de censura o por perder un voto de confianza.

La constitución del gobierno se inicia por el nombramiento de presidente del mismo a través de dos sistemas: el sistema general (art. 99), que consiste en la proposición al Congreso por parte del rey a través del presidente del Congreso y previa consulta de los representantes designados por los grupos políticos con representación parlamentaria, de un candidato para ocupar dicho cargo: dicho candidato deberá contar con la confianza del Congreso, tras haber expuesto el programa político del gobierno que pretenda formar, por el voto de la mayoría absoluta de la cámara en la primera sesión y por mayoría simple en segunda. De no conseguirse la confianza de la cámara, habrá de proponerse nuevo candidato con los mismos trámites que en el caso anterior y así sucesivamente. Si en el plazo de dos meses, ninguno de los candidatos propuestos hubiera obtenido la confianza, el rey disolverá las Cortes y convocará elecciones generales. El sistema especial, viene como consecuencia de la introducción de la moción de censura constructiva: al requerir la presentación de ésta la simultánea presentación de un candidato a presidente del gobierno es obvio que si dicha moción triunfa el nuevo presidente será el candidato que figuraba en la misma.

c) *Relaciones con otros poderes e instituciones.* — La segunda perspectiva que anunciábamos al comenzar este epígrafe sobre el gobierno se refería al sentido político que el conjunto institucional hasta ahora analizado daba. En efecto, la Constitución sitúa al gobierno como centro del sistema político por cuanto, siendo el titular del poder ejecutivo, por un lado se relaciona con el Parlamento en condiciones de subordinación formal y superioridad política y, por otro, con la Corona en un cierto sistema de colaboración de poderes en las funciones que ésta tiene atribuidas de arbitrar y moderar el funcionamiento regular de las instituciones.

a') *Relaciones con el Parlamento.* — Tras los poderes y funciones anteriormente enumerados, la posición concreta que tiene el gobierno respecto del Parlamento es muy superior tanto desde el punto de vista de la iniciativa política, como desde el de los respectivos sistemas de control.

En materia de iniciativa política el gobierno se sitúa como el gestor y dinamizador de la mayor parte de la actividad del Estado: sus proyectos de ley tienen preferencia sobre las proposiciones de ley surgidas de la actividad parlamentaria (art. 89,1) con lo que (además de que la práctica constitucional europea así lo verifica) la iniciativa legislativa gubernamental llena de contenido la discusión parlamentaria en este campo. Por otro lado, la institución (importada de la Constitución francesa) de que el Parlamento necesite la conformidad del gobierno para efectuar proposiciones o mociones que impliquen aumento de los créditos o disminución de los ingresos presupuestarios (art. 134,6) mientras que tal limitación no opera para el gobierno (art. 134,5) supone dejar a éste como el primer censor de la actividad parlamentaria.

Lo mismo sucede en materia de control: mientras la facultad de disolver las Cortes (o alguna de sus cámaras) es discrecional para el presidente del gobierno, según ya hemos visto, la moción de censura se halla plagada de restricciones destinadas a impedir su puesta en práctica: exigencia de mayoría absoluta para que prospere, necesidad de que sea propuesta por al menos una décima parte de los diputados así como de acompañar un candidato a la Presidencia del gobierno y prohibición a sus proponentes, en caso de que fuera desestimada, de volver a presentar una nueva moción durante el mismo período de sesiones. No se toman tales precauciones, en cambio, a la hora de regular el voto de confianza puesto que éste se entenderá ganado por el voto favorable de la mayoría simple sin que existan limitaciones, por lo demás, en el número de votos de confianza que se pueden plantear.

En definitiva, nos hallamos ante un especial sistema de colaboración de poderes en el que, mientras se reconoce la primacía teórica del Parlamento, se aseguran los mecanismos necesarios para su subordinación práctica.

b') *Relaciones con las comunidades autónomas.* — También en este campo el gobierno goza de unas prerrogativas especiales. Controla la actividad de las comunidades autónomas en lo referente a materias que siendo de competencia estatal les hayan sido transferidas mediante ley orgánica (art. 153,b en relación con el 150,2); nombra un delegado suyo en cada comunidad que además de dirigir la administración del Estado en el correspondiente territorio la coordine con la administración de dicha comunidad; adopta las medidas necesarias en caso de incumplimiento de las obligaciones por parte de la comunidad autónoma (art. 155,1); y, finalmente, como medida de dirección política decisiva, puede suspender las disposiciones y resoluciones de dichas comunidades por el mero hecho de impugnarlas ante el tribunal constitucional durante el tiempo no superior a cinco meses que dure el correspondiente proceso. Esta última facultad ha sido extendida en la actual Ley Orgánica del Tribunal Constitucional a los más variados supuestos.

C) El poder judicial

El encabezamiento del título VI de la Constitución («Del poder judicial») rompe la sistemática utilizada en la regulación de los distintos poderes al recoger la denominación que había sido utilizada —como caso único en la historia de nuestro constitucionalismo— por la Constitución de 1869.

Al margen de los razonamientos vertidos durante el proceso constituyente actual, lo cierto es que dicho encabezamiento es adecuado por cuanto nos encontramos ante un poder, inserto en los esquemas del parlamentarismo clásico, con un ámbito de proyección típico del que corresponde a un Estado unitario.

En otras palabras, la regulación que contiene el título VI es difícilmente encajable en la distribución constitucional que reparte los centros de imputación de poder entre el Estado central y las comunidades autónomas. Más bien la figura del poder judicial se eleva sobre dicha distribución y ejerce una función unificadora en la aplicación concreta de los distintos sistemas jurídicos.

La jurisdicción, a tales efectos, como función específica del poder judicial, se plantea articulada mediante un cuadro garantizador de su *independencia*, de su *unidad* y de su *generalidad*.

Las garantías de independencia formalizadas en la constitución adoptan varias facetas de distinto contenido y alcance: en primer término, se adelantan una serie de garantías orgánicas (los jueces y magistrados son inamovibles, y no pueden ser separados, suspendidos, trasladados ni jubilados sino por alguna de las causas y con las garantías previstas en la ley —art. 117,1 y 2—); en un segundo plano, se asegura también la independencia funcional: por el principio de exclusividad en el ejercicio jurisdiccional («la potestad jurisdiccional, en todo tipo de procesos, juzgando y haciendo ejecutar lo juzgado corresponde exclusivamente a los juzgados y tribunales determinados por las leyes» —art. 117,3—) y porque dicha función se halla sometida únicamente «al imperio de la ley» (art. 117,1). Nos hallamos, pues, ante un principio (el de independencia) que por un lado mantiene la separación del poder judicial respecto de los demás poderes del Estado central y de las comunidades autónomas y, por otro, dice garantizar la independencia de sus miembros en el ejercicio de sus funciones.

Por lo que respecta a la unidad jurisdiccional («base de la organización y funcionamiento de los tribunales» —art. 117,5—) ofrece dos vertientes complementarias: por un lado, se opone a las jurisdicciones especiales que proliferaron en el régimen anterior en cuanto son impropias de un auténtico Estado de derecho (de ahí que se prohíban los tribunales de excepción, los tribunales de honor y la actividad jurisdiccional de la administración en cuanto pueda imponer sanciones que comporten privación de libertad); mas, por otro, la unidad jurisdiccional es simultáneamente unidad territorial dentro del ámbito del Estado considerado como organización política general y no como Estado-aparato central, al determinar (art. 122,1) que los jueces y magistrados formarán un *cuerpo único*.

De la característica anterior se deriva el que hemos denominado principio de generalidad. Con él queremos hacer referencia a que el poder judicial que describe la Constitución, a través de su independencia y unidad, tiene un ámbito de aplicación general para todo el Estado cualquiera que sea el funcionamiento y articulación de las respectivas instancias políticas. De esta forma (como ocurrirá con el tribunal constitucional) el poder judicial se plantea como un mecanismo de cierre en la coherencia y aplicación del sistema jurídico, al margen de la especificidad del lugar y esfera en que opere.

En cualquier caso y sin poder profundizar en los diversos aspectos que pueden surgir en este tipo de estructuración de la administración de justicia, conviene, sin embargo, poner de relieve algunas cuestiones que afectan a esa coherencia formal que acabamos de sintetizar.

En cuanto a la estructura orgánica se plantean diversos interrogantes: como quiera que simultáneamente el poder judicial es poder del Estado (es decir, poder político) y administración, se muestra problemático el adecuado entrelazamiento de las dos facetas, de manera que se aseguren los principios anteriormente mencionados. La solución constitucional ha consistido en remitir la regulación de estos aspectos a dos leyes orgánicas: una que determine la constitución, funcionamiento y gobierno de los juzgados, así como el estatuto jurídico de los jueces y magistrados de carrera, y otra encargada de contener las normas por las que ha de regirse el Consejo General del Poder Judicial en cuanto órgano de gobierno del mismo (art. 122). La primera ha de referirse, por tanto, al autogobierno e independencia del poder judicial en cuanto tal; la segunda, a su faceta de parte de la administración pública, al menos en cuanto a sus condiciones funcionariales (estatuto, régimen de incompatibilidades, funciones, sistema de nombramientos, ascensos, inspección y régimen disciplinario —art. 122,2—) y todo ello sin olvidar que queda un elemento importante: el régimen de emolumentos de los miembros del poder judicial que en ningún caso dependerá de ellos mismos. Pues bien, en este segundo tipo de regulación orgánica, el Consejo General del Poder Judicial tanto por su composición (20 miembros más el presidente —que a su vez lo es del Tribunal Supremo— de los cuales 12 los nombra el rey de entre jueces y magistrados de todas las categorías en la forma que la ley determine, y el resto, también de nombramiento real, lo serán cuatro a propuesta del Congreso y cuatro a propuesta del Senado en ambos casos acordada por mayoría de tres quintos) como por sus funciones podrá constituir no ya un exponente del modelo de colaboración de poderes sino más bien la caja de resonancia de opciones políticas concretas, según la regulación que lleve a cabo la referida ley orgánica.

Un segundo problema no resuelto, está presente por la ambigüedad constitucional en el trato del ministerio fiscal: por un lado no queda fuera del poder judicial (puesto que es regulado en su título) y, por otro, no queda dentro de él. En el primer aspecto sus funciones («promover la acción de la justicia en defensa de la legalidad, de los derechos de los ciudadanos y del interés público tutelado por la ley así como velar por la independencia de los tribunales y procurar ante éstos la satisfacción del interés social —art. 124,1—) le sitúan como una suerte de magistratura de postulación presente a lo largo de todo el proceso de ejercicio jurisdiccional. En el otro, los principios de unidad de actuación y dependencia jerárquica (art. 124,2) vienen a caracterizarlo como un órgano administrativo tanto más cuanto que el fiscal general del Estado será nombrado por el rey *a propuesta del gobierno* (art. 124,4).

En tercer lugar, no es tampoco escaso el interrogante que surge sobre el papel de los tribunales superiores de las comunidades autónomas puesto que, si bien los órganos de dichas comunidades pueden influir en su composición, no pueden hacerlo en su funcionamiento; y, por otra parte, los principios de unidad e independencia del poder judicial desmarcan el ámbito jurisdiccional de las competencias de tales comunidades. Queda así como un organismo híbrido que puede quedar en una especie de jurisdicción especializada para el conocimiento de los recursos surgidos como consecuencia de las materias de competencia de dichas comunidades pero sin una ligazón concreta con la sede del poder político de donde ha surgido el ejercicio de tales competencias.

Quedan finalmente dos cuestiones laterales que, no obstante, conviene mencionar: la previsión constitucional de que los ciudadanos puedan participar en la administración de justicia mediante la institución del jurado (art. 125) y aquella otra que prohíbe a jueces, magistrados y fiscales su pertenencia a partidos políticos y sindicatos (art. 127,1).

4. LAS COMUNIDADES AUTÓNOMAS

CONSIDERACIONES GENERALES

Ya hemos indicado la importancia de la nueva distribución territorial del poder político. No obstante, conviene efectuar algunas precisiones al respecto: por un lado, el hecho de que no se trata de una mera elucubración teórica del constituyente en materia de organización política sino que, por el contrario, supone la entrada en escena de un mecanismo que altera esencialmente (o tiene intención de alterar) el tipo de Estado centralizado que venía funcionando, salvo el escaso paréntesis de la II República, desde antes de la época de la Restauración; por otro, la nueva ordenación es consecuencia del proyecto de la mayoría de las fuerzas políticas de crear un Estado democrático que recogiera la realidad plural en la que se asienta.

Los dos componentes generales enunciados permiten enmarcar el tema de la regulación autonómica en nuestro texto constitucional.

En el primero, por cuanto pretende ofrecer una solución a un viejo problema histórico: la necesidad, nunca resuelta, de ofrecer una solución política a la unidad del Estado consentida por todos los pueblos que lo integran garantizando su propio autogobierno y la solidaridad entre los mismos. El federalismo, el autonomismo e, incluso, el separatismo, han sido respuestas históricas o intentos de liquidar el nudo gordiano del Estado centralista.[62]

En el segundo, ya que el proyecto político de modificar el tipo o forma de Estado corresponde a una determinada concepción no sólo de la realidad histórica anteriormente mencionada sino también del tipo o clase de Estado democrático a implantar: un Estado democrático basado en los principios de libertad, justicia, igualdad y *pluralismo político* (art. 1,1). Pluralismo político entendido no sólo como la convivencia de distintas opciones políticas (partidos, grupos, asociaciones, etc.) dentro de la vida política y protegidas por el marco constitucional sino también como expresión de la diversidad de comunidades que integran el propio Estado y a las que se confiere un estatuto jurídico particularizado dentro del mismo.

Intento de solución a un problema histórico y proyecto político de renovación estructural del Estado se funden, pues, en la regulación constitucional. Ahora bien, el cuadro dibujado tiene unas notas definitorias que explican su contenido:

En primer término, el título VIII de la Constitución que regula la distribución territorial del poder político y, por tanto, las comunidades autónomas, fue elaborado por la vía del «consenso» y, por idéntico camino, el artículo 2 —que contiene el reconocimiento del «derecho a la autonomía de las nacionalidades y regiones»— en el que dicho título se fundamenta. En consecuencia, a efectos de interpretación, el título VIII es resultado y

---

62. M. GERPE LANDIN, «Las Comunidades Autónomas en la Constitución Española de 1978», en *Rev. Jurídica de Cataluña*, núm. 2, Barcelona, abril-junio de 1979, pp. 295-328. Véase del mismo autor: «Els Territoris autònoms a l'Avantprojecte de Constitució Espanyola de 1978», en *Rev. d'Administració Pública*, núm. 1, U.A.B., Barcelona, 1978.

desarrollo de los principios generales contenidos en el artículo 2.

Y estos principios, en lo que a nuestro ámbito respecta, sitúan tres elementos fundamentales y jerarquizados: 1) La indisoluble unidad de la nación española, como fundamento de la propia Constitución y, desde el punto de vista negativo, como prohibición expresa del ejercicio del derecho de autodeterminación; a la vez que, desde un plano positivo, como marco de ejercicio de las autonomías. 2) Reconocimiento y garantía por la Constitución del *derecho a la autonomía* de las nacionalidades y regiones que integran la nación. Y 3) Solidaridad entre dichas nacionalidades y regiones una vez que hayan ejercido tal derecho, es decir, que se hayan constituido en comunidades autónomas, como vínculo de unión entre ellas que permita el ejercicio del pluralismo político territorial respetando y asegurando el propio fundamento constitucional: la unidad de la nación española.

Nos hallamos, por tanto, ante un resultado consensual entre diversos grupos políticos que refleja la propia disparidad de sus respectivas fuerzas. Pero también ante un resultado que ofrece una fórmula de transacción entre todas ellas: negación del Estado estructurado federalmente pero negación también del Estado unitario centralizado. De esta manera, la institución de las autonomías, en sus aspectos concretos, tal como se desarrolla en el título VIII, recoge una serie de características peculiares que es preciso destacar:

1) Crea un sistema de *descentralización política* no originaria (como supondría el haber reconocido el derecho a la autodeterminación) sino *derivada*: de la indisoluble unidad de la nación española, con su carácter fundante de la Constitución, y de la propia Constitución en cuanto es de ésta de quien se derivan los poderes que pueden ejercer las comunidades autónomas.

2) Tal descentralización política derivada viene definida por la Constitución como «*autogobierno*» (art. 143,1), en cuanto plasmación del «derecho a la autonomía». Con lo que, si bien los poderes concretos, las competencias respectivas y el funcionamiento específico de las comunidades autónomas se derivan de la Constitución, ésta

reconoce, como ha señalado González Casanovas,[63] la existencia de un derecho anterior, en cierta suerte histórico, que correspondía a dichas comunidades y que cobra real presencia a través del propio texto constitucional.

3) El «autogobierno» de las nacionalidades y regiones marca el comienzo de una reestructuración territorial del poder del Estado y, en consecuencia, de la forma de Estado. Ahora bien, la introducción de tal principio no se efectúa *estableciendo* el mapa de nacionalidades y regiones sino marcando las condiciones en que, *mediando la voluntad popular* de los territorios afectados, éstos decidan proceder al ejercicio de dicho autogobierno.

4) Se establece así un sistema de *gradualidad* en la nueva articulación política que ofrece dos aspectos: el ser una *gradualidad temporal*, ya que la constitución de las comunidades autónomas habrá de realizarse de manera paulatina, y el ser también una *gradualidad funcional y competencial*, por cuanto tales comunidades podrán, dentro del cauce de la constitución, aumentar sucesivamente sus respectivos ámbitos de autogobierno.

5) Esta reestructuración gradual del Estado comporta que toda autonomía ejercida por cada comunidad es o tiende a ser *política*, ya que la Constitución posibilita para el ejercicio de sus competencias un *poder legislativo propio e independiente*.

Tales son algunos rasgos derivados de la concreta regulación constitucional. Sin embargo, la implantación gradual de un sistema de autogobierno desencadena consecuencias que van más allá de la mera mecánica institucional: como proyecto de organización política de la sociedad introduce cambios potenciales de representación social en los distintos instrumentos políticos y, por lo tanto, en el conjunto del Estado. Y aquí es donde tienen su origen las precauciones, los obstáculos y las resistencias (dentro y fuera del texto de la Constitución) que se interponen a la formación de las autonomías. Las comunidades autónomas, pese a sus evidentes limitacio-

---

63. J. A. GONZÁLEZ CASANOVAS, «Los estatutos de las Comunidades Autónomas y el principio de autogobierno», en *Documentación Administrativa*, núm. 182, Madrid (Presidencia del Gobierno), 1979, p. 129.

nes, posibilitan la creación de hegemonías políticas sectoriales que pueden no coincidir con la ejercida por el aparato del Estado central.

Pese a todo, desde la perspectiva del funcionamiento de un Estado democrático pluralista, este hecho, si bien facilita un claro aumento de su conflictividad institucional interna, le obliga necesariamente a ampliar su capacidad de integración política y social.

Regulación constitucional de las comunidades autónomas

1.º *Proceso de constitución de las comunidades autónomas*

El punto de partida de la Constitución es el de mantener el principio de *libertad de acceso a la autonomía* para aquellos territorios que reúnan determinadas características (ser provincias limítrofes con afinidad histórica, cultural y económica, constituir una provincia con entidad regional histórica o los territorios insulares —art. 143,1—). Incluso no es preciso reunir dichas condiciones (art. 144,*a* y *b*) para acceder a la autonomía si las Cortes generales lo autorizan.

Admitido este principio general, el tipo de proceso que se siga hasta llegar a la constitución de las comunidades autónomas determinará el contenido de las mismas.

De acuerdo con dicha regulación y dentro de ese aspecto, existe un sistema general y dos sistemas especiales que adquieren su primera diferenciación por la clase de *iniciativa* que se ejerce:

a) *Sistema general.* — La iniciativa corresponde a todas las diputaciones interesadas, al órgano interinsular correspondiente y a las dos terceras partes de los municipios cuya población represente, al menos, la mayoría del censo electoral de cada provincia o isla (art. 143,2). Ahora bien, la Constitución ofrece dos variantes más dentro de este mismo sistema: si en el territorio que pretende acceder a la autonomía existen «órganos preautonómicos», éstos sustituyen a las diputaciones provinciales u órgano interinsular en el ejercicio de la iniciativa; si, en la segunda variante, las Cortes generales lo consideran procedente (art. 144,c) pueden ellas sustituir la iniciativa que corresponde a las corporaciones locales. En todo caso, los referidos trámites deben completarse en el plazo de seis meses, contados a partir del primer acuerdo de las corporaciones, locales y afectadas.

b) *Sistemas especiales:*

a') *Sistema de iniciativa reforzada* (art. 151,1). Este sistema sustancialmente coincide con el general pero comporta dos modificaciones de suma importancia: si bien la iniciativa sigue partiendo de las diputaciones provinciales o del órgano interinsular (o ha de entenderse, de los órganos preautonómicos) se refuerza el concurso de las corporaciones locales (en vez de dos tercios, precisa *tres cuartos de los municipios afectados*) y además requiere un *referéndum popular* de ratificación a dicha iniciativa *con el voto favorable de la mayoría absoluta de los electores de cada provincia.*

b') *Sistema reservado para Cataluña, Euzkadi y Galicia (disposición transitoria segunda).* — Se trata del sistema de iniciativa regulado con peor fortuna dentro de la materia que estamos comentando: la disposición transitoria segunda se limita a establecer que los territorios que en el pasado hubieren plebiscitado afirmativamente proyectos de estatuto de autonomía y cuenten al tiempo de promulgarse la Constitución con regímenes provisionales de autonomía podrán proceder *inmediatamente* en la forma que se prevé en el apartado 2 del artículo 148 cuando así lo acordaren, por mayoría absoluta, sus órganos preautonómicos colegiados superiores. Sin embargo, el artículo 148,2 no se refiere en absoluto al tema de la iniciativa con lo que, en consecuencia habría de concluirse en que tal iniciativa debería ser completa por la voluntad de las corporaciones locales en los términos del sistema de iniciativa reforzada a que nos hemos referido en el apartado anterior.

A pesar de esta interpretación evidente desde el punto de vista jurídico formal, lo cierto es que los respectivos procesos autonómicos de cada uno de estos tres territorios de los cuales dos (Cataluña y Euzkadi) ya han ratificado plebiscitariamente sus respectivos Estatutos (25-X-79), no ha seguido para nada este posible trámite: ha bastado la iniciativa de los órganos colegiales preautonómicos para continuar el proceso particular de acceso a la situación autonómica al que luego nos referiremos. González Casanovas ofrece, no obstante, una posible justificación: a su parecer, interpretando ampliamente el contexto constitucional, la referida disposición transitoria segunda comporta una excepción total al requisito formal de iniciativa, porque —razona dicho autor—, tras el reconocimiento de las nacionalidades por el artículo 2 a estos territorios se les viene a admitir la posesión de una «*iniciativa permanente, latente y actuante*».

Sin entrar en mayores disquisiciones interpretativas, lo cierto es que tal juicio (advirtámoslo, no se deriva de ningún precepto constitucional concreto sino más bien de un cierto «espíritu» emanado de la Constitución) tiene un basamento importante: si la Constitución reconoce las nacionalidades, aunque no las defina, debe, entre otras, referirse a las «históricas» (o, dicho en otros términos, a quienes han plebiscitado afirmativamente en el pasado sus propios estatutos de autonomía) y en consecuencia ofrecer para ellas un trato diferencial que no suponga preferencia en el «plus» de poder otorgado pero que, al menos, *por razones de urgencia*, y paradójicamente de urgencia histórica, se les reconozca que su iniciativa, ya manifestada, sigue estando presente.

Tras el ejercicio del derecho de iniciativa (o «postulación» por utilizar los términos procesales) se entra de lleno en el *proceso de constitución de las comunidades autónomas*. Dicho proceso se desenvuelve por cauces particulares según el tipo de iniciativa ejercido, culmina en un estatuto y, a través de él, comienza a tener vida política y jurídica la comunidad autónoma correspondiente con su aparato institucional y con su conjunto competencial y funcional.

a) *Sistema general.* — Tanto el sistema general como los sistemas especiales fijan su procedimiento de consecución de la autonomía en torno a la *elaboración y aprobación de sus respectivos estatutos* en cuanto ellos constituyen la «norma institucional básica de cada comunidad autónoma», es decir, que regulan tanto el juego de sus instituciones internas como de sus competencias y funciones, a la vez que suponen el reconocimiento del ejercicio del derecho a la autonomía. Pues bien, en el sistema general, la trayectoria de aprobación en su caso del Estatuto comprende los siguientes trámites:

1) La elaboración del *proyecto* de estatuto corresdonde a una asamblea compuesta por los miembros de la diputación u órgano interinsular (o los miembros de los órganos preautonómicos) de las provincias afectadas y por los diputados y senadores de las mismas (art. 146). Como quiera que la Constitución no se refiere al tipo de mayoría que se necesita para que dicho proyecto adquiera tal carácter, se ha de entender que se trata de la mayoría simple.

2) Una vez elaborado, se eleva a las Cortes generales para su tramitación como ley. Ley que, de acuerdo con lo dispuesto en el artículo 81,1, deberá tener la naturaleza de «ley orgánica». Aprobada esta ley y sin ulteriores trámites queda constituida la comunidad autónoma que ejercerá sus funciones y dispondrá de sus organismos a tenor de lo que haya propuesto el estatuto.

b) *Sistemas especiales.* — La tramitación posterior al ejercicio del derecho de iniciativa es común a los dos tipos antes estudiados:

1) La elaboración del proyecto de estatuto corresponde, previa convocatoria del gobierno, a una asamblea compuesta por todos los diputados y senadores de las respectivas provincias afectadas. Se considera que el proyecto queda elaborado y dispuesto para trámites posteriores cuando es aprobado por la mayoría absoluta de dicha asamblea.

2) Conseguida esta aprobación, el proyecto se eleva a la comisión constitucional del Congreso quien, conjuntamente con una delegación de la asamblea que lo elaboró, debe determinar el contenido definitivo de dicho proyecto en el plazo de dos meses.

3) Si hay acuerdo entre la comisión constitucional y dicha delegación, el texto del proyecto se somete a referéndum del cuerpo electoral de las provincias afec-

tadas por el estatuto: en caso de referéndum positivo por mayoría simple de votantes, se elevan a las Cortes generales quienes, por los respectivos Plenos de sus dos cámaras emitirán un *voto de ratificación*. Tras la sanción y promulgación real, el estatuto pasa directamente a poder ser aplicado y, en consecuencia, la comunidad autónoma queda constituida.

4) Si no se llega a un acuerdo entre la comisión constitucional y la delegación de la asamblea, el proyecto de estatuto original se tramita como ley ante las Cortes generales y, una vez aprobado por éstas (con las modificaciones que todo proyecto de ley puede sufrir en el proceso de su tramitación y aprobación) se somete a referéndum popular del censo electoral de las provincias afectadas y, en caso de ser aprobado por mayoría simple, se procederá a su sanción y promulgación con los mismos efectos que en el caso anterior.

2.º *Las competencias de las comunidades autónomas*

a) *La distribución de competencias entre el Estado y las comunidades autónomas*. — Tras las diversas propuestas defendidas en orden al reparto de competencias entre Estado y comunidades autónomas, el texto definitivo de la Constitución ha recogido un esquema complejo pero coherente entre cuyos rasgos fundamentales podemos destacar:

1) Enumeración de una lista de materias de *competencia exclusiva del Estado*, contenida en el artículo 149,1, de gran amplitud (es de 32 el número de sus apartados) e importancia: el Estado central se reserva así el mayor y más decisivo ámbito de competencias y actividades, sin perjuicio de la posibilidad que la propia Constitución reconoce de diversas modalidades de entrega a las comunidades autónomas del ejercicio de tales competencias.

2) Enumeración de materias que, *en forma potestativa, son susceptibles de competencia de las comunidades autónomas* a través de fórmulas diferentes:

a') Materias cuyas competencias pueden ser asumidas por todas las comunidades autónomas en sus respectivos estatutos y que se contienen en el artículo 148,1, de la Constitución.

b') Materias que no siendo de competencia exclusiva del Estado y no encontrándose enumeradas en el apartado anterior (las del 148,1) pueden ser incluidas en los estatutos de las comunidades autónomas como objetos de competencia de las mismas, de acuerdo con lo que dispone el artículo 149,3, párrafo 1 de la Constitución.

c') Materias que siendo de competencia estatal pueden también ser objeto de competencia de las comunidades autónomas en los supuestos en que las Cortes generales atribuyan a éstas la facultad de dictar, para sí mismas, normas legislativas en el marco de los principios, bases y directrices fijados por una ley estatal: artículo 150,1 de la Constitución.

d') Materias que siendo de competencia estatal pueden ser objeto de competencia de las comunidades autónomas por transferir o delegar el propio Estado, mediante ley orgánica, facultades correspondientes a las mismas: artículo 150,2 de la Constitución.

3) Cláusulas de reserva:

a') Las competencias sobre las materias que no se hayan asumido por los estatutos de autonomía, corresponden al Estado (art. 149,3, párrafo 2).

b') Las normas del Estado prevalecen en caso de conflicto sobre las dictadas por las comunidades autónomas en todo lo que no esté atribuido a la exclusiva competencia de éstas (art. 149,3, párrafo 2).

c') El Estado puede dictar leyes de armonización de las disposiciones normativas de las comunidades autónomas aun en el caso de materias atribuidas a la competencia exclusiva de éstas (art. 150,3).

La distribución de competencias entre los distintos sistemas de comunidades autónomas

1.º *Sistema general.* — Las comunidades autónomas creadas con arreglo al sistema general pueden obtener en el momento de su constitución las competencias sobre las materias enumeradas en el artículo 148,1, anteriormente mencionado. Dichas competencias, que han de figurar en los correspondientes estatutos, abarcan desde la autonomía institucional, a la autonomía legislativa, ejecutiva y financiera.

En el aspecto de *autonomía institucional*, dichas comunidades tienen competencia para organizar sus propias instituciones de autogobierno (art. 148,1, 1.ª), sin que la Constitución imponga un cuadro mínimo institucional: ello comporta una amplia gama de posibilidades que van desde la creación de órganos meramente ejecutivos (con lo que nos encontraríamos no ante un caso de autonomía política sino de simple descentralización administrativa) hasta el establecimiento de órganos legislativos con facultades de esa misma naturaleza en materias cuya competencia ha asumido el estatuto (autonomía política propiamente dicha).

En consecuencia, depende del esquema institucional de que se dote cada una de estas comunidades autónomas el que asuman *facultades legislativas* o se limiten a ejercer *facultades* puramente *administrativas*. Dentro del primer supuesto (órganos legislativos y facultades legislativas) la autonomía competencial lleva consigo no sólo la capacidad legislativa sino también, como es lógico, la ejecutiva y administrativa.

Ahora bien, en ambos casos, el núcleo inicial de competencias queda encuadrado dentro de las materias contenidas en el artículo 148,1 y únicamente podrá ser ampliado transcurridos cinco años tras la aprobación del respectivo estatuto y mediante reforma del mismo. Esta ampliación del ámbito competencial podrá realizarse tanto incorporando competencias de las correspondientes al artículo 148,1 que no hubieran sido asumidas en el primer estatuto como aquellas otras que no sean atribuidas expresamente al Estado (art. 149,3) además de las que el Estado les atribuya, transfiera o delegue en el marco de lo dispuesto en el artículo 150,1 y 2 de la Constitución.

Finalmente, la *autonomía financiera* reconocida por los artículos 156 y 157 de la Constitución y sometida a los principios de coordinación con la Hacienda estatal y de solidaridad entre todos los españoles, comprende la captación y administración de sus recursos económicos que estarán constituidos por impuestos cedidos total o parcialmente por el Estado, recargos sobre impuestos estatales y otras participaciones en los ingresos del Estado; impuestos, tasas y contribuciones que puedan imponer las comunidades autónomas; transferencias del fondo de compensación interterritorial y otras asignaciones con cargo a los presupuestos generales del Estado; los rendimientos procedentes del patrimonio de la propia comunidad autónoma e ingresos de derecho privado así como el producto de sus operaciones de crédito. En definitiva, pues, los recursos son de dos clases: los procedentes del Estado y los procedentes de las comunidades autónomas bien como consecuencia del ejercicio de su potestad financiera derivada o bien como originados por el producto de sus bienes o actividades crediticias.

2.º *Sistemas especiales.* — La primera diferencia respecto de las autonomías constituidas con arreglo al sistema general surge en el aspecto de la *autonomía institucional:* según lo que prescribe el artículo 152,1, los tipos de comunidades autónomas conformados con arreglo a los sistemas especiales deberán tener, *al menos*, como órganos de autogobierno, una *asamblea legislativa* elegida por sufragio universal, un *consejo de gobierno*, con funciones ejecutivas y administrativas y un *presidente*, escogido por la asamblea de entre sus miembros; ciertos aspectos de la función jurisdiccional se reservan a un *tribunal superior de justicia* como culminación de la organización judicial en el ámbito territorial de la comunidad autónoma. Esta última figura, sin embargo, no puede ser considerada en sentido estricto como un órgano dependiente de dicha comunidad ni, por lo tanto, autonómico ya que se inserta en el funcionamiento genérico del poder judicial.

La diferencia que acabamos de reseñar implica que el constituyente español reconoce y exige la naturaleza de autonomía política para estos tipos de comunidades autónomas que bien por haber plebiscitado en el pasado sus propios estatutos o bien por haber ejercido una iniciativa reforzada se sitúan como el centro mismo de la nueva distribución territorial del poder político.

En cuanto a la *autonomía legislativa y ejecutiva* los sistemas especiales sólo varían del sistema general *en el tiempo* (principio de «gradualidad») en el que pueden adquirir las respectivas competencias anteriormente indicadas: además de la descritas en el artículo 148,1, pueden asumir la totalidad de las restantes competencias posibles en sus respectivos estatutos iniciales sin tener que esperar al plazo de cinco años. Este aumento competencial en el mismo acto de constitución de estos tipos de comunidades no está exento de obstáculos: por una parte porque, en el caso de las «leyes marco» (art. 150,1) dictadas por el Estado, las Cortes atribuyen facultades a las comunidades autónomas para dictarse normas legislativas pero dentro de los principios, bases y directrices de dichas leyes; y, por otra, porque en todo caso, son las propias Cortes quienes deciden el momento concreto en que se deben realizar las transferencias, delegaciones, etc. Con ello no sólo queda al arbitrio del Estado central el «cuándo» sino también el «cuánto» de competencias —en una parte sustancial— puede corresponder a cada comunidad autónoma.

Por último, en materia de *autonomía financiera*, las normas constitucionales son las mismas para los sistemas especiales que para el sistema general.

El control de la actividad de las comunidades autónomas

Ya hemos visto, al tratar de los diversos poderes del Estado central, cómo la Constitución dota a los mismos de ciertas instituciones de control sobre la actividad de las comunidades autónomas que reflejan la primacía concedida a las instituciones centrales. Tal supremacía, en general, se exterioriza en la función armonizadora que dicho texto atribuye tanto mediante el reconocimiento de principios generales como mediante la implantación de mecanismos concretos de control.

En el aspecto de los principios generales, son suficiente muestra la declaración de prevalecimiento de las normas estatales sobre las dictadas por las comunidades autónomas cuando se produzca un conflicto sobre materias que no sean de la exclusiva competencia de éstas; o el carácter supletorio del derecho estatal respecto del propio de dichas comunidades; o, por no citar más casos, el ya mencionado de la potestad estatal de dictar leyes de armonización en materias que sean competencia de los territorios autónomos.

Pero nos interesa ahora destacar especialmente los sistemas de control previstos constitucionalmente. A tenor de lo dispuesto en el artículo 153, el control de la actividad de los órganos de las comunidades autónomas se ejercerá por el tribunal constitucional, en lo relativo a sus disposiciones normativas con fuerza de ley;[64] por el gobierno, en el control de las facultades delegadas referidas en el artículo 150,2 (ya mencionado); por la jurisdicción contencioso-administrativa, en materias propias de su ámbito jurisdiccional; y por el tribunal de cuentas en el aspecto económico y presupuestario.

En todos ellos prima el control jurisdiccional sobre el directamente político. Sin embargo, dado que tales sistemas habrán de ser desarrollados directa o indirectamente mediante leyes orgánicas (el primero de ellos ya lo ha sido con resultados bastante negativos para el propio funcionamiento de las autonomías) es bastante prematuro avanzar un juicio no sólo sobre su eficacia sino, especialmente, sobre su compatibilización con el ordenado proceso de desarrollo de las comunidades autónomas que se vayan constituyendo.

Por lo demás, nos remitimos a lo indicado al hablar de las instituciones del Estado central.

5. El Tribunal Constitucional

Introducción

La progresiva expansión que ha tenido en los diversos sistemas la Justicia constitucional, especialmente a partir del momento en que se produce su recepción en Euro-

---

64. Véase *infra*, pp. 133-138, la regulación extensiva que de dicho control efectúa la Ley Orgánica del Tribunal Constitucional.

pa (1920), plantea una primera necesidad de encuadramiento. En términos generales, se puede decir que la introducción de los mecanismos de control constitucional aparece ligada a la consideración de la Constitución como norma jurídica «superior», como «lex superior» que vincula no sólo a los tribunales sino también al legislador y a los demás centros de producción del Derecho.

Por otro, esa superioridad se hace patente en el carácter «rígido» de la Constitución escrita, de forma que ésta no puede ser modificada por el legislador ordinario a través de los mecanismos de producción legislativa normal y de ahí que se precise de un órgano u órganos que vayan adaptando el texto constitucional a las cambiantes condiciones sociales y políticas mediante un adecuado desarrollo interpretativo, que no es sino la permanente «concretización —indicaba Capelletti— que permite la aplicabilidad y eficacia normativa de los distintos preceptos constitucionales».

Estos órganos en la actualidad suelen tener carácter jurisdiccional y es por ello que se acostumbra a definir a la justicia constitucional como aquella jurisdicción «que tiene por objeto decidir, de modo imparcial, con arreglo al Derecho objetivo y mediante los procedimientos y órganos especiales establecidos, el cumplimiento, tutela y aplicación de las normas jurídicas constitucionales (escritas y consuetudinarias»).[65]

De todas formas, como es sabido, a lo largo de la historia constitucional han aparecido tres modelos básicos de control de la constitucionalidad de las leyes: el modelo de control difuso, propio y original del sistema americano, ejercido por la jurisdicción ordinaria; el modelo concentrado que se introduce en las constituciones checoeslovaca y austriaca de 1920 siguiendo las pautas kelsenianas y configurando un sistema de «legislador negativo» a través de un órgano especializado; y finalmente, el modelo mixto continental contemporáneo claramente influido por los dos anteriores en el cual se atribuye a un órgano de carácter esencialmente jurisdic-

---

65. P. LUCAS, VERDÚ, *Curso de Derecho Político*, vol. II, Tecnos, Madrid, 1977, p. 690.

cional las misiones propias de dicho tipo de justicia. Es en este último donde se encuadra el modelo español creado por nuestra vigente Constitución.

Hay que advertir, no obstante, el carácter competencial expansivo que la Justicia Constitucional ha ido adquiriendo. Son tres ámbitos de competencia los que acostumbra a tener la justicia constitucional: el examen o control de la constitucionalidad de las leyes; la resolución de los conflictos de atribuciones entre los poderes y órganos constitucionales del Estado; la tutela de los derechos públicos subjetivos.

Ámbitos y modelo básicos que, según acabamos de indicar, recoge la figura de nuestro Tribunal Constitucional creado por el Título IX de la Constitución (artículos 159 al 165) y desarrollado por la Ley orgánica de 3 de octubre de 1979 (BOE, núm. 239 de 5 de octubre).

El antecedente del actual sistema de la justicia constitucional en España se sitúa en la Constitución republicana de 1931 que, en cierta forma, iniciaba en Europa el modelo mixto a que antes hacíamos alusión. Por otro lado, en cuanto inspirador del actual modelo, el antecedente republicano se proyectaba casi con las mismas finalidades que finalmente han sido atribuidas al actual quien, a su vez, ha sido técnicamente perfeccionado tanto en materia de la composición de sus miembros como en su funcionamiento por la influencia de la Ley Fundamental de Bonn y la Constitución italiana (sin que haya faltado una anómala influencia francesa, como veremos más tarde).

Al margen de las influencias e inspiraciones (que son importantes pero cuyo tratamiento no tiene aquí su lugar) debemos también constatar que en la discusión constituyente hubo práctica unanimidad sobre la necesidad de esta institución. Las diferencias surgieron más sobre la extensión de sus atribuciones y competencias que sobre el principio de su existencia: de esta forma, se daba un nuevo sentido al texto constitucional que adquiría así eficacia normativa directa [66] y el nuevo órgano que

---

66. E. GARCÍA DE ENTERRÍA, *La Constitución como norma jurídica y el Tribunal Constitucional*, Civitas, Madrid, 1981.

se erigía en valedor y, en buena parte, «guardián» de la Constitución.

De ahí que sea necesario dedicar un análisis algo extenso de la naturaleza, composición y funciones de nuestro Tribunal Constitucional así como de algunos problemas que pueden surgir al estudiar tales aspectos.

1. La naturaleza del Tribunal Constitucional

Nuestra Constitución no define al Tribunal Constitucional. Únicamente lo describe. El art. 159 hace referencia a su composición, designación de sus miembros, duración de su mandato, condiciones que deben reunir, régimen de incompatibilidades, su carácter de inamovibles e independientes; el art. 160 contempla la figura de su Presidente; el 161 señala sus ámbitos de competencia en su apartado 1 mientras que en el apartado 2 se introduce, sin ningún criterio sistemático, la impugnación por el Gobierno de disposiciones y resoluciones de las Comunidades Autónomas; el art. 162 plantea las condiciones de legitimación para interponer los diversos recursos; el 163 nos habla de la impugnación por vía incidental (judicial); el 164, de los efectos de sus sentencias; y el 165 prevé la Ley orgánica de desarrollo.

Por el contrario, la Ley Orgánica de 3 de octubre no sólo expresa claramente su naturaleza sino que contiene los distintos elementos a ella inherentes. En efecto, el art. 1,1 de la misma indica: «El Tribunal Constitucional, como *intérprete supremo de la Constitución*, es independiente de los demás órganos constitucionales y está sometido sólo a la Constitución y a la presente Ley orgánica; y el mismo artículo en su apartado 2.º añade: «Es único en su orden y extiende su jurisdicción a todo el territorio nacional». Su naturaleza, pues, viene otorgada por su condición de «supremo intérprete de la Constitución»; las notas que acompañan, todas ellas esenciales, son las de: órgano independiente; órgano constitucional, órgano jurisdiccional, órgano único en su orden con jurisdicción sobre todo el territorio nacional y órgano sometido a su ley orgánica y a la Constitución.

Vamos a analizar algunas de las cuestiones que plantea la anterior definición.

En primer término, por comenzar por la relativa a su cualidad de órgano constitucional: según indicaba García Pelayo, el carácter de tal le viene porque recibe «ipso iure de la Constitución todos los atributos de su condición y posición» como tal órgano, en cuanto se encuentra en el vértice de la organización estatal y es la expresión orgánica de la idea de Estado que la Constitución proyecta.[67] Es decir, que desde una perspectiva orgánica, nos encontramos ante un aparato estatal que goza de una situación prevalente tanto en la esfera jerárquica estatal (es superior) como en las relaciones con otros órganos (es independiente y es autónomo); y, desde una perspectiva funcional, su actividad es suprema en su ámbito en cuanto, valga la redundancia, «supremo intérprete» de la Constitución.

Ahora bien, no debe olvidarse que el Tribunal Constitucional es un órgano creado y, por tanto, derivado de la Constitución y sus decisivas atribuciones en materia de interpretación y desarrollo-adaptación del texto constitucional han de entenderse como mecanismo a su servicio. De esta forma, su naturaleza de órgano constitucional, en el sentido apuntado, se desarrolla en el contexto de la propia Constitución española. Como ha afirmado Lucas Verdú, «el Tribunal Constitucional es un órgano constitucional que reproduce los elementos integradores de la fórmula política de nuestra Constitución».[68] Y, sin duda, esta reproducción exige una permanente adecuación mutua entre Constitución y Tribunal Constitucional; o lo que es lo mismo, un esfuerzo del alto órgano constitucional por el auto-control o la auto-limitación para que el carácter de infalibilidad formal que tiene conferido por la propia Constitución en cuanto la interpreta no pueda convertirse en un auténtico poder

---

67. M. García Pelayo, «El Status del Tribunal Constitucional» *Rev. de Derecho Constitucional*, núm. 1, Madrid, 1981, pp. 13-14.
68. P. Lucas Verdú, «Política y Justicia constitucionales. Consideraciones sobre la naturaleza y funciones del Tribunal Constitucional», pp. 1539-1540 de la obra colectiva *El Tribunal Constitucional*, IF, Madrid, 1981.

constituyente que modifique unilateralmente el contenido real de la norma fundamental.

Éste ha sido un esfuerzo típico de la justicia constitucional en cuanto ha sido consciente de su posibilidad de extralimitarse. Por eso, el propio texto constitucional introduce la figura de los votos particulares disidentes que, de acuerdo con su art. 164, han de ser publicados conjuntamente con la sentencia adoptada por la mayoría de los miembros del Tribunal, de forma que, en muchas ocasiones —sobre todo a través de la experiencia americana— las opiniones discrepantes han dado lugar a una interesante doctrina científica que ha ido variando las apreciaciones del propio Tribunal. Por otro lado, a pesar de la independencia de la justicia constitucional en su funcionamiento y actividad, es evidente que, por su procedencia, se relaciona con otros órganos constitucionales del Estado y, por el lugar que ocupa dentro del proyecto constitucional, no se encuentra aislada en un compartimento estanco sino que, en última instancia deberá acoplar su actividad al principio de funcionamiento armónico del conjunto estatal. El posible —y constatable, en otros sistemas políticos semejantes al nuestro— enfrentamiento con ciertos sectores estatales (especialmente con el propio Parlamento e igualmente con el poder Judicial) ha de resolverse mediante un juego de compensaciones que no dependen ni exclusivamente de la propia justicia constitucional ni exclusivamente de los demás órganos constitucionales; ni, por lo tanto, pueden estar previstas por mandato normativo alguno sino por la voluntad de armonización del sistema político de todos sus agentes sociales y políticos.

Por todas estas razones, la inequívoca categoría de órgano constitucional que posee el Tribunal Constitucional debe ser interpretada en el sentido de su necesaria acomodación al conjunto de los demás órganos del Estado, tanto en materia de relaciones orgánicas como en materia del ejercicio de sus competencias. Es especialmente importante la comprensión que de este elemento ha tenido el propio Tribunal Constitucional en materia de declaración de inconstitucionalidad de las leyes y en cuanto tal declaración puede suponer una cierta tensión cuando no suplantación del poder legislativo. En su sentencia de 1 de junio de 1981 se mostraba de esta forma sumamente respetuoso con la voluntad del Parlamento y expresaba el cuidado con que deben ser abordados los casos de inconstitucionalidad: la ley como emanación de la voluntad popular —decía— sólo puede ser en principio derogada o modificada por los representantes de esa voluntad; por ello, la potestad de declaración de inconstitucionalidad de una ley «sólo puede ser utilizada cuando así lo exigen razones muy graves y sólidas (...), cuando estas razones graves y sólidas no existen, el respeto al legislador exige que este Tribunal se abstenga de pronunciamiento alguno».

Una segunda nota problemática de la definición contenida en la ley orgánica hace referencia a la naturaleza básica del Tribunal Constitucional como supremo intérprete de la Constitución y los límites que acompañan a esta especial actividad.

En principio, como se ha repetido sobradamente, el Tribunal Constitucional español se configura como un órgano jurisdiccional, de carácter único, y supremo en su orden, con existencia al margen del poder judicial ordinario y en relación de independencia tanto con el propio poder judicial como con los demás órganos constitucionales del Estado. Su actividad ha de verterse en los ámbitos y según los procedimientos que se hallan contenidos tanto en la Constitución como en su propia ley orgánica. Pero, en último extremo, esta diferenciada actividad orgánica y funcional cobra, insistamos en ello, su propia y especial naturaleza por la específica conexión que tiene respecto de la Constitución: aplica y hace que se aplique la Constitución y, al aplicarla, la interpreta.

La interpretación constitucional, por lo tanto, se nos muestra como una actividad típica y propia de la jurisdicción. Y de ahí su eficacia «erga omnes». Resaltando este aspecto indicaban Rubio Llorente y Aragón Reyes que «la consideración del Tribunal Constitucional como intérprete supremo de la Constitución significa, indudablemente, que la interpretación por él realizada se impone con carácter vinculante, a todos los órganos judiciales. Pero, al mismo tiempo, ser intérprete de la Constitución significa también ser el supremo intérprete constitucional, lo que origina que el carácter vinculante de su interpretación se extienda a normas distintas de la Constitución misma».[69]

Tenemos, de esta forma, planteadas dos cuestiones importantes: los efectos de la interpretación, de un lado, y los ámbitos de interpretación, de otro. Por el primer supuesto se pone de relieve el carácter vinculante de las decisiones del Tribunal Constitucional tanto para los ciudadanos como para los órganos del Estado; por el segundo, se entiende que la interpretación recae no sólo respecto de la Constitución sino también respecto de otras normas jurídicas. Ahora bien, ¿dicho ámbito se extiende a todo el ordenamiento jurídico?

Sin duda, conviene realizar varias precisiones antes de optar por un pronunciamiento. Hay que distinguir en primer lugar, la operación que consiste en interpretar la Constitución por sí misma —juicio que se obtiene mediante la pretensión de descubrir el significado normativo de sus diferentes preceptos a través de la aplicación de las diversas técnicas interpretativas— de la que consiste en, una vez realizada la tarea anterior, efectuar una interpretación semejante con otras normas del ordenamiento a fin de comprobar la adecuación de éstas con aquélla. En ese sentido, el Tribunal Constitucional no sólo puede sino que además debe interpretar todo el ordenamiento jurídico en las áreas concretas que le son sometidas a su conocimiento. El juicio de constitucionalidad, de esta forma, se convierte en un juicio simultáneamente integrador y depurador del propio ordenamiento jurídico: integrador porque se dan como buenas, por así decirlo, determinadas normas; y depurador porque se expulsan del ordenamiento las normas inconstitucionales. Y tal operación presupone la interpretación constitucional y la interpretación de la norma concreta.

Ahora bien, como es comprensible, no se hace alusión a estos extremos cuando la ley orgánica citada hace referencia a la condición del Tribunal Constitucional como supremo intérprete de la Constitución. Se está aludiendo al carácter superior que tienen las decisiones del Tribu-

---

69. F. RUBIO LLORENTE y M. ARAGÓN, «La jurisdicción constitucional», en la ob. colect. cit. *La Constitución de 1978. Estudio sistemático*, p. 85.

nal Constitucional cuando éste fija y determina el contenido, ámbito y efectos de uno o varios preceptos de la Constitución.

Pero, simultáneamente, existe otro aspecto conectado con este último: puesto que la Constitución exige por su propia naturaleza un desarrollo a través de otras normas, también éstas deberán ser tenidas en cuenta, interpretadas en el mismo sentido a que nos referíamos en el párrafo anterior, para que el Tribunal pueda efectuar el correspondiente juicio de constitucionalidad sobre el resto de las normas que componen el ordenamiento jurídico. Estas normas de desarrollo de la Constitución que han sido objeto de «reserva reforzada» por parte del constituyente, vienen integradas en nuestro ordenamiento en las llamadas leyes orgánicas, quienes, junto con el propio texto constitucional, forman el llamado «bloque de la constitucionalidad».

Todo esto quiere decir que existen tres momentos dentro del juicio genérico de constitucionalidad que efectúa el Tribunal: el correspondiente a la interpretación del texto constitucional (carácter supremo y superior a cualquier otra instancia), el correspondiente al bloque de la constitucionalidad (integración interpretativa entre la Constitución y sus leyes de desarrollo, subordinándose en todo caso éstas a aquélla) y el momento final de aplicación de alguno de los dos anteriores al de interpretación de la legalidad.

En términos lógicos, tales momentos son por un lado sucesivos y por otro complementarios. Los problemas surgen en la determinación de los límites en la utilización interpretativa —dentro del juicio constitucional— del bloque de la constitucionalidad.

Tal cuestión viene expresamente recogida en el discutido artículo 28 de la Ley Orgánica a que nos venimos refiriendo. Según éste:

«28.1. Para apreciar la conformidad o disconformidad con la Constitución de una ley, disposición o acto con fuerza de ley del Estado o de las Comunidades Autónomas, el Tribunal considerará, además de los preceptos constitucionales, las Leyes que, dentro del marco constitucional se hubieren dictado para delimitar las competencias del Estado y las diferentes Comunidades Autónomas o para regular o armonizar el ejercicio de las competencias de éstas.

»Art. 28.2. Asimismo el Tribunal podrá declarar inconstitucionales por infracción del art. 81 de la Constitución (que establece el principio general de reserva material de ley orgánica) los preceptos de un Decreto-Ley, Decreto legislativo, Ley que no haya sido aprobada con el carácter de orgánica o norma legislativa de una Comunidad Autónoma en el caso de que dichas disposiciones hubieren regulado materias reservadas a Ley Orgánica o impliquen modificaciones o derogación de una Ley aprobada con tal carácter cualquiera que sea su contenido.»

Pese a los problemas que plantea este precepto y que ya han sido debatidos por un sector importante de la doctrina española —y sin perjuicio de que más adelante podamos entrar en alguno de ellos— lo cierto es que se encuentran los criterios delimitadores del «bloque de la constitucionalidad» a los efectos que hemos planteado anteriormente. Y, de acuerdo con él, dicho bloque, en cuanto criterio interpretativo de aplicación directa, únicamente opera en materia de distribución de competencias entre el Estado y las Comunidades Autónomas (art. 28,1) pero no opera de la misma forma en cambio frente a las demás cuestiones. Esta diferenciación en el significado de cada uno de ambos apartados viene dada por la distinta «aplicabilidad» de cada uno de ellos: en el primer supuesto una ley ordinaria (disposición o acto con fuerza de ley) que invada la distribución de competencias efectuada por una ley orgánica, ley marco o ley de armonización incurrirá en inconstitucionalidad por haber violado las disposiciones de este tipo último de leyes, con lo cual vienen a ser consideradas como materialmente constitucionales. Por el contrario, en el segundo supuesto la inconstitucionalidad se produce —en términos estrictos— no por haber violado lo dispuesto en las leyes orgánicas sino por haber violado el principio de la Constitución que reserva determinadas materias para que éstas sean reguladas mediante leyes orgánicas (otra cuestión es qué ha de entenderse por la última coletilla del artículo «cualquiera que sea su contenido», cuestión que por ahora dejamos en suspenso).

De todo ello se deduce que el bloque de la constitucionalidad, a efectos interpretativos, ha de entenderse reservado para el núcleo distribuidor de competencias entre Estado y Comunidades Autónomas pero, en cambio, quedan excluidas de dicho bloque, en el sentido que estamos utilizando, las demás leyes orgánicas. O dicho de otra forma: en este último supuesto habrá de aplicarse directamente y sin intermediarios la Constitución.

La posición que aquí mantenemos obedece, por expresarlo sintéticamente, a dos razones: la primera que, pese a la existencia en la doctrina del llamado bloque de la constitucionalidad, se trata de un concepto de límites confusos que adquiere aún mayor dificultad en ser aplicado en aquellos ordenamientos en los que, como sucede en el español, no existe una jerarquía intermedia entre Constitución y leyes (ya que las leyes orgánicas no tienen jerarquía distinta a la de las leyes ordinarias); y la segunda porque, supuesto lo anterior, supondría la introducción en nuestro Tribunal Constitucional de una práctica que consideramos nefasta: la interpretación de la Constitución conforme a las leyes y no, como es obligado, de las leyes conforme a la Constitución. Peligro importante y que, siguiendo más o menos abiertamente las sugerencias de Leisner, se está produciendo en nuestro ordenamiento constitucional no tanto por la vía del Tribunal sino más bien por la vía de la introducción de leyes orgánicas que «mutan» el contenido de la Constitución. Y si este hecho se puede producir (no es cuestión ahora el describirlo) la generalización del principio interpretativo inherente a la operatividad del bloque de la constitucionalidad obtendría los mismos resultados desfavorables en la práctica jurisprudencial.

Con estas consideraciones, al hablar de su carácter de órgano constitucional se ha hecho también referencia a los límites de la independencia; al comentar la interpretación se han señalado los ámbitos normativos aplicables. El resto de cuestiones serán descritas a continuación al exponer los demás elementos que se recogen en la regulación concreta que rige los distintos aspectos del Tribunal Constitucional.

2. Composición y funcionamiento

Al hablar de la naturaleza del Tribunal Constitucional dentro del sistema español hemos abordado alguna de las cuestiones teóricas que pueden ofrecer determinados aspectos controvertidos. A partir de aquí y para una adecuada comprensión de su papel positivo nos limitaremos, en lo fundamental, a exponer sus rasgos caracterizadores de acuerdo con la normativa vigente.

En materia de su composición, tanto la Constitución en su artículo 159,1, como la Ley Orgánica en su artículo 5 disponen que el Tribunal Constitucional se compone de doce miembros. De acuerdo con el primero de los preceptos citados habrán de ser nombrados por el Rey todos ellos, de los cuales cuatro lo serán a propuesta del Congreso según decisión adoptada por mayoría de tres quintos, cuatro a propuesta del Senado según idéntico trámite, dos a propuesta del Gobierno y dos a propuesta del Consejo General del Poder Judicial.

Las condiciones para poder ser así nombrado es que las propuestas se hayan efectuado teniendo en cuenta las siguientes condiciones personales: ser Magistrado, Fiscal, Profesor de Universidad, funcionario público o abogado siendo «jurista de reconocida competencia con más de quince años de ejercicio profesional» (art. 159,2 de la Constitución y 18 de la LOTC).

Esta fórmula importada de la regulación italiana con escasas variantes ofrece la posibilidad de muy variadas objeciones, aunque ninguna de ellas cobra carácter sustantivo. Todos los comentaristas ponen de manifiesto el carácter aleatorio que tiene la expresión «jurista de reconocida competencia», pero no es menos cierto que el argumento puede realizarse a la inversa: si son nombrados miembros del Tribunal Constitucional es que son juristas de reconocida competencia. Evidentemente es una fórmula convencional. Pero es una fórmula positiva porque exige conocimientos jurídicos para el desempeño de la función y porque, sobre todo, las personas que la ostenten deberán ser propuestas por otros órganos constitucionales del Estado. Con ello retomamos el argumento anteriormente expuesto al hablar de los límites de la independencia del Tribunal Constitucional y a él nos remitimos.

Estas condiciones personales van acompañadas de otra serie de requisitos referidos al régimen de incompatibilidades (art. 19 de la LOTC y art. 159,4 de la Constitución) a cuyo tenor el cargo de Magistrado del Tribunal Constitucional es incompatible con el de Defensor del Pueblo; el de Diputado y Senador; cualquier cargo político o administrativo del Estado, las Comunidades Autónomas, las provincias u otras entidades locales; el ejercicio de cualquier jurisdicción o actividad propia de la carrera judicial o fiscal; empleos de todas clases en los Tribunales y Juzgados de cualquier orden jurisdiccional; el desempeño de funciones directivas en los partidos políticos, sindicatos, asociaciones, fundaciones y colegios profesionales y toda clase de empleo al servicio de los mismos; el desempeño de actividades profesionales o mercantiles; y, finalmente, salvo lo expresamente indicado anteriormente, tendrán las demás incompatibilidades propias de los miembros del Poder judicial.

La duración del mandato de los Magistrados del Tribunal Constitucional será de nueve años, salvo que cese en su cargo con anterioridad por alguna de las causas legalmente establecidas (que van desde la dimisión voluntaria, cese por enfermedad, etc., hasta la separación de cargo por sanción impuesta por el propio Tribunal). Ahora bien, como quiera que la renovación de los miembros del Tribunal se hace por períodos trienales y por tercio de sus miembros, la solución ofrecida para el conjunto de los que forman este primer colectivo del Tribunal Constitucional tras su primera formación es la siguiente: pasados los tres primeros años desde la constitución del Tribunal se procederá por sorteo para designar a los cuatro miembros que han de cesar y, pasados otros tres años, habrá de realizarse la misma operación respecto de los que no tuvieron que cesar en la primera vuelta. Es decir, que de los Magistrados actualmente nombrados solamente cuatro podrán terminar su período de mandato y, de los otros ocho, cuatro lo habrán ostentado sólo tres años y cuatro ejercerán su cargo durante seis años.

Con todo, el principal problema que ofrece la composición del Tribunal Constitucional reside en el sistema de nombramiento de sus componentes. Nombramiento que, en la regulación española actual, ha procurado ser lo menos parcial posible al exigir esa mayoría de tres quintos para los de origen parlamentario pero que, dada la propia composición del Parlamento en lo que se refiere a la distribución de fuerzas políticas, permite a los grupos mayoritarios ponerse de acuerdo excluyendo así a todos los demás.

En materia de organización, la Ley Orgánica recoge un principio esencial para cualquier órgano que ostente la naturaleza de órgano constitucional: el principio de capacidad de autorreglamentación. Según el art. 2,2: «El Tribunal Constitucional podrá dictar reglamentos sobre su propio funcionamiento y organización, así como sobre el régimen de su personal y servicios dentro del ámbito de la presente ley. Estos reglamentos, que deberán ser aprobados por el Tribunal en Pleno, se publicarán en el "Boletín Oficial del Estado", autorizados por el Presidente».

Tales reglamentos ofrecen problemas a la hora de calificar su naturaleza jurídica. Si, desde un punto de vista material, parece claro que responden a los principios propios de los reglamentos que desarrollan las leyes (no son, pues, «independientes») ya que su contenido ha de estar «dentro del ámbito de la presente ley», tanto desde el punto de vista formal como sobre todo desde la perspectiva de su entronque en el sistema jurídico general plantean cuestiones contradictorias de difícil solución. Porque, admitida la potestad reglamentaria excepcional del Tribunal Constitucional, habremos de convenir que la misma se podrá proyectar en todos los ámbitos que permite la Ley Orgánica. Y ello comporta la regulación de materias tales como el funcionamiento del propio Tribunal, la introducción de especialidades procesales en el desarrollo de los procedimientos que aquél conoce y, finalmente —como de manera expresa lo indica el art. 96,2 de la Ley Orgánica—, la normación del régimen de sus propios funcionarios. De estos tres sectores, el primero es el que mejor responde al principio de autonomía normativa y, por tanto, menores problemas interpretativos ofrece: el sometimiento genérico del Tribunal Constitucional a la Constitución y a su Ley Orgánica y la ausencia de control superior que se deriva de su condición de órgano constitucional se encuadran coherentemente con el contenido de esa autonomía (no se derivan relaciones frente a terceros). En cambio, en los otros dos sectores, en cuanto en ellos sí se suscitan efectos hacia terceros, surge por una parte la dificultad del emplazamiento de normas que pueden tener un contenido materialmente legislativo (normas procesales) y de normas que afectan directamente al personal a su servicio.

En el supuesto de normas materiales legislativas (normas procesales) la única posibilidad de evitar las contradicciones antes apuntadas (puesto que la potestad legislativa reside exclusivamente en el Parlamento) reside en entender tal capacidad reglamentaria del Tribunal Constitucional mediante una interpretación restrictiva de la norma que faculta para ello, de forma que desarrolle la LOTC sin crear «ex novo» normas procesales que afecten a los derechos de terceros.

Y, finalmente, en materia de regulación reglamentaria del personal al servicio del Tribunal Constitucional, con idéntico fin que en el caso anterior habrá que distinguir entre lo que es materia propia y específica de la función del propio Tribunal (la jurisdicción) en cuyo ámbito carece de cualquier tipo de control, de lo que es función compartida con otros órganos del Estado (la administración o función administrativa), dentro de la cual no posee ningún tipo de privilegio y, por tanto, sus actos se hallan sometidos al principio de legalidad que comporta el control jurisdiccional ordinario de los mismos. Esta solución, aparentemente paradójica puesto que por un lado el Tribunal Constitucional «carece de superior natural» y por otro es sometido al control jurisdiccional, viene avalada por el propio redactado del artículo 96,2 de la Ley Orgánica ya que en la misma se establece el carácter supletorio de las leyes que regulan el personal adscrito a la administración de Justicia (recuérdense los preceptos constitucionales que consagran el principio de igualdad ante la ley y, en general, todos los contenidos en su art. 9).

3. ÓRGANOS

Señalados en las anteriores notas determinados aspectos del encuadramiento teórico que afecta a la organización del Tribunal Constitucional, conviene ahora limitarnos a su descripción conforme a la regulación positiva existente.

De acuerdo con ella, cabe distinguir dos conjuntos orgánicos diferenciados: por un lado, el que articula al Tribunal como jurisdicción; por otro, el que lo vertebra como administración.

En cuanto órgano complejo que ejerce la jurisdicción constitucional y para este fin, el Tribunal se estructura de la forma siguiente: dos órganos individuales (el Presidente del Tribunal, elegido por todos sus miembros, que lo es también de la Sala primera; el Vicepresidente, elegido de la misma forma que el anterior, que a la vez ejerce el cargo de Presidente de la Sala segunda); y los siguientes órganos colegiados: el Pleno del Tribunal (Tribunal Constitucional en Pleno), dos Salas (1.ª y 2.ª) y cuatro secciones (dos por cada sala). Tanto las Salas como las Secciones son formaciones orgánicas derivadas del Pleno, de forma que las Salas cuentan con seis Magistrados cada una —con carácter permanente— y las secciones con tres. Es decir, que más que órganos en sentido estricto que tengan una titularidad diferente a la del propio Tribunal son derivaciones de éste pero que cobran entidad separada en aplicación del principio de división competencial y de especialización en el trabajo.

Conforme a estas precisiones y conforme a lo dispuesto en la Ley Orgánica (texto que creó «ex novo» estas formaciones orgánicas del T.C. al desarrollar la remisión constitucional del art. 165) los órganos anteriormente mencionados tienen atribuidas las siguientes funciones:

a) Presidente del Tribunal Constitucional (art. 15 de la LOTC): ostentar la representación del T.C.; convocar y presidir el T.C. en Pleno y convocar las Salas; adoptar las medidas precisas para el funcionamiento del Tribunal, de las Salas y de las Secciones; comunicar al

Parlamento, al Gobierno o al Consejo General del Poder Judicial las vacantes que se hayan producido entre los miembros del T.C.; ejercer las potestades administrativas sobre el personal adscrito al servicio del T.C. e instar del Ministerio de Justicia para cubrir las plazas de Secretarios, Oficiales, Auxiliares y subalternos.

b) El Vicepresidente realiza las mismas funciones que el anterior cuando le sustituye. La sustitución se producirá en caso de vacante, ausencia u otro motivo legal. La duración del mandato tanto del Vicepresidente como del Presidente será de tres años, expirado el cual podrá ser reelegido por una sola vez o por igual período.

c) El Tribunal en Pleno conoce genéricamente de los recursos de inconstitucionalidad en sus diversas vías, de los conflictos constitucionales, de las impugnaciones que efectúa el Gobierno por la vía de lo dispuesto en el art. 161,2 de la Constitución y de todas las cuestiones que se refieren al régimen interno de los Magistrados del T.C. (vid. art. 10 de la LOTC).

d) Las salas conocen de todos aquellos asuntos jurisdiccionales no atribuidos al Pleno (especialmente los recursos de amparo).

e) Las secciones se ocupan del despacho ordinario de los asuntos y deciden la admisibilidad o inadmisibilidad de los recursos.

En cuanto a la organización propia del personal al servicio del Tribunal Constitucional, la LOTC distingue diversas categorías de funcionarios (art. 96,1) (la calificación de funcionarios excluye por tanto la existencia de otro tipo de personal que colabore con el T.C.). Dichas categorías son: el Secretario General; los Letrados; los Secretarios de Justicia; los Oficiales, los Auxiliares y los Agentes. En esta categorización se ve, pues, un claro paralelismo con el personal al servicio de la Administración de Justicia con la única diferencia del Cuerpo de Letrados encargado de preparar los informes jurídicos correspondientes de los que se servirán los Magistrados para la elaboración de sus sentencias. (Vid. arts. 96 a 102 de la LOTC.)

4. ATRIBUCIONES

Nos cabe, por último, enunciar el ámbito de atribuciones (limitándonos a las de carácter jurisdiccional) que competen al Tribunal Constitucional. De acuerdo con el art. 2,1 de la LOTC, el T.C. conocerá de:

— El recurso y la cuestión de inconstitucionalidad.
— Los conflictos constitucionales de competencia.
— Los conflictos entre órganos constitucionales del Estado.
— El control previo de constitucionalidad.
— Las impugnaciones efectuadas por el Gobierno conforme al art. 161,2 de la Constitución.

Llegados a este punto, hay que abordar ya el desarrollo de cada uno de estos ámbitos competenciales, del significado de los mismos, del procedimiento que se sigue, de los efectos del pronunciamiento; de todas aquellas cuestiones, en fin, que especifican la naturaleza del Tribunal Constitucional «en acto» y el significado concreto que para el ordenamiento constitucional ofrece su funcionamiento.

a) *El recurso de inconstitucionalidad y sus clases*

Desde una perspectiva positiva el recurso de inconstitucionalidad y la cuestión de inconstitucionalidad son los dos procedimientos de declaración de inconstitucionalidad. «Se ha hablado, por esto —indicaba Arozamena Sierra, Magistrado de nuestro T.C.— del monopolio del poder invalidatorio de las normas inconstitucionales, pero se atribuye —añadía— a los jueces y tribunales un primer filtro de constitucionalidad y la legitimación y, por exigencia de su propia función, la obligatoriedad de provocar el mecanismo invalidatorio de la norma inconstitucional.» [70]

---

70. AROZAMENA SIERRA, «El recurso de inconstitucionalidad», en la ob. colect. *El Tribunal Constitucional*, vol. I, I.E.F., Madrid, 1981, p. 146.

En otros términos: la potestad que el Tribunal Constitucional tiene de declarar la inconstitucionalidad de una ley puede ejercerla siguiendo una vía directa (recurso de constitucionalidad) o a través de una vía indirecta (cuestión de inconstitucionalidad).

a) *El recurso de inconstitucionalidad en sentido estricto.* Podemos definir el recurso de declaración de inconstitucionalidad de una ley como aquel proceso sustanciado ante el Tribunal Constitucional que tiene por objeto garantizar «la primacía de la Constitución, enjuiciando la conformidad o disconformidad con ella de las leyes, disposiciones o actos impugnados (artículo 27 de la LOTC)» y que es interpuesto por los órganos especialmente legitimados para ello dentro del plazo que al efecto prescribe la LOTC.

En esta definición se encuentran los elementos esenciales que caracterizan el recurso de inconstitucionalidad. Iremos, por lo tanto, comentando cada uno de ellos:

1. Nos encontramos ante un recurso directo que se interpone ante el Tribunal Constitucional. Quiere ello decir que ningún otro órgano del Estado ha tenido con anterioridad conocimiento directo de la pretensión aducida.

2. Se plantea contra: los Estatutos de Autonomía y demás leyes orgánicas; el resto de las leyes, disposiciones normativas y actos con fuerza de ley (incluidos los Decretos legislativos —sin perjuicio de los sistemas de control de estas normas a que alude el art. 82 de la Constitución— y los Decretos-Leyes); los tratados internacionales; los reglamentos de las Cámaras y de las Cortes Generales; las leyes, actos y disposiciones normativas con fuerza de ley de las Comunidades Autónomas; y, finalmente, contra los Reglamentos de las Asambleas legislativas de las Comunidades Autónomas (art. 27,2 de la LOTC).

3. La legitimación para interponer el recurso varía si se trata de impugnar los Estatutos de Autonomía, cualquier tipo de leyes estatales, disposiciones y actos del mismo origen con fuerza de ley, tratados internacionales y reglamentos de las Cámaras y de las Cortes generales en cuyo caso están legitimados el Presidente del

Gobierno, el Defensor del Pueblo, cincuenta Senadores y cincuenta Diputados, de si se trata de impugnar leyes, disposiciones o actos con fuerza de ley que afecten a los ámbitos de autonomía de alguna(s) Comunidad Autónoma: en este supuesto, además de los órganos anteriores, también estarán legitimados para interponer el recurso los órganos ejecutivos y las Asambleas legislativas de aquellas Comunidades Autónomas que hayan sido afectadas (art. 32 de la LOTC).

4. El plazo para interponer el recurso es de carácter preclusivo: ha de formularse dentro del plazo de tres meses a partir de la publicación de la ley, disposición o acto con fuerza de ley. Pasado este plazo no podrá utilizarse la vía de impugnación directa.

Ello no quiere decir, como es lógico, que una ley, disposición, etc., que haya superado dicho plazo no pueda ser anulada posteriormente por el Tribunal Constitucional. Para solucionar este problema existe la cuestión de inconstitucionalidad (vía indirecta) de la que luego hablaremos. Mas la cuestión del plazo ha hecho surgir una interesante polémica dentro del propio seno del Tribunal Constitucional porque ha hecho entrar en escena categorías doctrinales conectadas y derivadas cuales son las de «derogación» e «inconstitucionalidad sobrevenida».

La cuestión se suscitó al haber creado la propia LOTC una categoría especial de recursos de inconstitucionalidad al indicar la disposición transitoria segunda de dicha ley que ese plazo de tres meses «comenzará a contarse desde el día en que quede constituido el Tribunal de acuerdo con la disposición transitoria anterior, cuando las leyes, disposiciones, resoluciones o actos que originen el recurso o conflicto fueren anteriores a aquella fecha y no hubieren agotado sus efectos». Expresado en otros términos, esto quería decir que podían ser impugnadas por vía directa no solamente las leyes anteriores a la constitución del Tribunal sino todas aquellas que fuesen anteriores a la Constitución de 1978.

Ahora bien, la Constitución contiene, a su vez, una cláusula derogatoria por medio de la cual quedan derogadas expresamente una serie de leyes y con carácter general «cuantas disposiciones se opongan a lo establecido en esta Constitución» (disposición derogatoria, 3). A su vez, ha sido doctrina repetida del Tribunal Supremo, reafirmada en sentencia de 3 de julio de 1979, el que el pronunciamiento sobre si una norma está o no vigente, se halla o no derogada es competencia de la jurisdicción ordinaria.

Planteado así el problema la alternativa era la siguiente: ¿puede el Tribunal Constitucional pronunciarse sobre leyes que han incurrido en inconstitucionalidad sobrevenida?; admitida la competencia de la jurisdicción ordinaria en materia de derogación ¿existe alguna diferencia entre norma nula por inconstitucionalidad sobrevenida y norma inexistente porque está derogada?

Como hemos visto, la LOTC admitía la posibilidad de declarar dicho tipo de inconstitucionalidad y el propio Tribunal, en dos sentencias (la de 2 de febrero de 1981, que resuelve un recurso de inconstitucionalidad contra determinados preceptos del régimen local, y la de 29 de abril del mismo año, que resuelve una cuestión de inconstitucionalidad sobre el art. 365,1 de la Ley de Régimen Local) ha utilizado la categoría de inconstitucionalidad sobrevenida, si bien no por unanimidad, ya que el Magistrado Rubio Llorente redactó un voto particular en que contradecía la opinión mantenida en la sentencia.

Conforme a la primera de las sentencias citadas (2-II-81) el Tribunal efectúa una distribución de competencias, según la cual los Jueces y Tribunales de la jurisdicción ordinaria pueden inaplicar leyes anteriores a la Constitución por considerarlas derogadas sin que ello implique que tales jueces y tribunales realicen un juicio de constitucionalidad (que es competencia exclusiva del T.C.) sino que lo que realizan es un juicio de aplicación de la Constitución que tiene eficacia normativa directa. Por el contrario, el juicio de conformidad con la Constitución, sea de leyes anteriores o posteriores a la misma, corresponde únicamente al T.C.

Esta tesis ha sido posteriormente desarrollada en varias sentencias. Incluso la doctrina que ha participado en la discusión se ha mostrado partidaria de la opinión mayoritaria del T.C. Así, por ejemplo, Rodríguez Oliver, en contra con lo mantenido por el voto particular antes citado, señalaba que el concepto de inconstitucionalidad sobrevenida no es «un concepto híbrido y contradictorio, como se dice en el voto particular, sino que consiste en una fórmula instrumental, cuyo sentido no es más que permitir que el Tribunal Constitucional sea quien, en determinados y justificados casos, declare por sí mismo la derogación de ciertas normas anteriores a la Constitución, como una manifestación más de su misión de interpretarla y garantizar su primacía».[71]

Y en este mismo orden, el Magistrado Díez Picazo en una de las sentencias de que fue ponente teorizaba así la distinción entre ambos conceptos: «No es enteramente exacta la opinión de que el tema de la vigencia o derogación es previo al de la constitucionalidad, porque respecto de normas derogadas no cabe ni siquiera plantearse el tema de su constitucionalidad. En la medida en que la derogación se produce por la contradicción con la Constitución, la contradicción con la Constitución es una premisa de la derogación. Nosotros entendemos por inconstitucionalidad simplemente el juicio de contraste entre dos normas, al que subsigue una consecuencia jurídica. Mas inconstitucionalidad no es la consecuencia sino simplemente la premisa de esa consecuencia. Por eso puede decirse que la inconstitucionalidad de leyes anteriores conduce a unas consecuencias que pueden ser concurrentemente la derogación y la nulidad.» (Recurso de inconstitucionalidad contra el Decreto-Ley regulador del D. de huelga.)

De lo hasta aquí indicado y con ánimo de clarificar los términos podemos recoger los siguientes puntos: 1.º la derogación afecta a la vigencia de una ley en aplicación del principio de que «la ley posterior deroga a la anterior»; 2.º la inconstitucionalidad acaece porque la ley que en ella incurre atenta contra la naturaleza misma de la Constitución; 3.º los efectos, en consecuencia, son distintos: con la derogación —apreciada por la jurisdicción ordinaria— se produce el término «natural» de la vigencia de una ley; con la inconstitucionalidad, en

---

71. RODRÍGUEZ OLIVER, «La inconstitucionalidad sobrevenida; el voto particular a la sentencia del T.C. de 2 de febrero de 1981», Rev. *Ley*, año II, núm. 170, p. 2.

cambio, se produce la nulidad radical de la misma como portadora de un vicio insubsanable; 4.º De esta forma ambas figuras pueden coincidir simultáneamente —y no de manera sucesiva— sobre una misma ley (que a la vez esté derogada y sea inconstitucional) sin que se excluyan mutuamente. Por eso, en nuestra opinión, lleva razón López Garrido cuando indica que «Estos dos efectos jurídicos, inconstitucionalidad y derogación, se producen, en suma, "ipso facto, ope legis", instantánea y simultáneamente, en el primer momento de la vida constitucional. Y pueden operar al tiempo precisamente porque son figuras heterogéneas en su naturaleza, cuyos espacios se cruzan pero no se interfieren (...) En resumen, a nuestro entender, la capacidad de enjuiciamiento por el TC de las leyes anteriores a la Constitución y su posible declaración de inconstitucionalidad —"erga omnes"— es una solución jurídicamente correcta y ajustada a la función y competencias de dicho Tribunal, que su jurisprudencia inicial ha intentado fijar en las primeras sentencias nacidas del trabajo de este importante órgano del Estado».[72]

5. En cuanto a los efectos de las sentencias dictadas en el recurso de inconstitucionalidad, partiendo de la base que la admisión de un recurso y mientras dura su tramitación no suspende (con excepción de lo que dispone el art. 162,2 de la Constitución) la vigencia ni la aplicación de la Ley impugnada, hacen referencia por una parte al ámbito concreto sobre el que inciden y, por otra, al cómputo del cuándo empiezan a cobrar vigencia. En el primer aspecto, el Tribunal Constitucional puede adoptar las siguientes alternativas: declarar la inconstitucionalidad de uno o varios preceptos de la ley objeto del recurso (art. 164,2 de la Constitución) con lo que subsistirá la vigencia de la parte no afectada por la declaración de inconstitucionalidad; en este supuesto el T.C. no tiene por qué ceñirse a lo pedido por las partes sino que podrá declarar la inconstitucionalidad y, por tanto, la nulidad no solamente de los preceptos impugnados sino también de aquellos otros de la misma ley o

---

72. LÓPEZ GARRIDO, «Un año de Tribunal Constitucional», *Rev. de Derecho Político*, UNED, núm. 13, Madrid, 1982, p. 200.

disposición «a los que deba extenderse (tal declaración) por conexión o consecuencia» (art. 39,1 de la LOTC), sin que sea preceptivo, en ningún caso, que las infracciones a la Constitución hayan sido invocadas por las partes en el curso del proceso (art. 39,2 de la LOTC); declarar la inconstitucionalidad de toda la ley, con iguales precisiones que en el caso anterior; declarar la constitucionalidad de toda la ley, disposición o acto con fuerza de ley que hayan sido impugnados.

La determinación del momento de la eficacia de semejante declaración de inconstitucionalidad ha dado lugar a posturas contrapuestas. Mientras para un sector de la doctrina la eficacia de la declaración de inconstitucionalidad (con el consiguiente efecto de declaración de nulidad de la ley, disposición o acto impugnado) se remonta al momento de promulgación de la Ley (eficacia «ex tunc»), para otro, en cambio, los efectos de tal declaración cobran vida solamente desde el momento de la sentencia y pro futuro (eficacia «ex nunc»). Ciertamente existen razones para abundar en una u otra postura. Desde un punto de vista de exégesis positiva, hay argumentos para pensar en la primera solución: el artículo 164,1 de la Constitución, mediante una fórmula nada clara, señala que «Las (sentencias) que declaren la inconstitucionalidad de una ley o de una norma con fuerza de ley y todas las que no se limiten a la estimación subjetiva de un derecho, tienen plenos efectos frente a todos»; y, de manera algo más clara en cuanto al sentido que puede tener este problema, el art. 40,1 de la LOTC indica que «las sentencias declaratorias de la inconstitucionalidad de Leyes, disposiciones o actos con fuerza de ley no permitirán revisar procesos fenecidos mediante sentencia con fuerza de cosa juzgada en los que se haya hecho aplicación de las Leyes, disposiciones o actos inconstitucionales, salvo en el caso de los procesos penales o contencioso-administrativos referentes a un procedimiento sancionador en que, como consecuencia de la nulidad de la norma aplicada, resulte una reducción de la pena o de la sanción o una exclusión, exención o limitación de la responsabilidad». Del que se deduce en principio, pues, que, salvo en casos excepcionales, los efectos de la declaración de inconstitucionalidad —nulidad— se remontan al momento de la promulgación de la ley. Por otro lado existen también razones de coherencia sistemática con el propio modelo de control de la constitucionalidad creado por nuestra Constitución: si de acuerdo con el mismo (modelo concentrado) un órgano único —el Tribunal Constitucional— declara una ley inconstitucional y, por lo tanto, nula, habrá de estimarse que tal nulidad no es adquirida sino originaria, ínsita a la propia ley desde el mismo momento de su aprobación, y que, de esta forma, el Tribunal lo único que hace es apreciar («interpretar») la existencia de ese irreparable vicio legislativo que ha invalidado la ley desde el primer momento de su existencia (por utilizar una expresión metafórica) o, dicho más exactamente, que ha impedido que tal ley o alguno de sus preceptos cobraran vida dentro del ordenamiento jurídico. Razonable es mantener, desde esta perspectiva, que una ley declarada nula nunca ha existido y que los efectos por ella producidos en su aparente «iter» de vigencia son también falsos efectos, nulos efectos.

Ahora bien, tal postura adolece, a nuestro entender, de dos puntos débiles. El primero (último de los argumentos apuntados) en cuanto se basa en un razonamiento que incluso aplicado en el ámbito del Derecho administrativo (la distinción entre actos nulos de pleno derecho y actos anulables) no ha sido cuestión pacífica: de hecho la doctrina o parte de ella se ha enfrentado en este punto con la jurisprudencia del Tribunal Supremo; pero es que, además, se trata igualmente de una traslación del campo propiamente administrativo al de la constitucionalidad y, pese a ciertas apariencias de similitudes, ambos campos son diferenciables y sus categorías no siempre se pueden intercambiar. Pues, aun manteniendo que los actos administrativos nulos de pleno derecho nunca han entrado a formar parte del ordenamiento jurídico (lo cual implica que en cualquier momento pueden ser impugnados porque jurídicamente no existen —vid. en contra lo dispuesto en la Ley de la Jurisdicción Contencioso-administrativa—) no ocurre lo mismo con las leyes derivadas del Parlamento, ya que éstas poseen un principio de legitimidad que les permite cobrar vida auténticamente jurídica incluso aunque posteriormente sean declaradas nulas (tema en el que por el momento no nos podemos extender). Este hecho se pone especialmente de manifiesto, como veremos luego, en que tal declaración de nulidad no sólo puede ser realizada a través del recurso que estamos contemplando sino también a través de la llamada cuestión de inconstitucionalidad (o sistema incidental por vía jurídica) que puede ser interpuesta muchos años después de haberse aprobado y estarse aplicando una ley: y en este supuesto, como es obvio, por muchas declaraciones de nulidad que se hagan y de suposiciones teóricas de que una ley nunca ha existido, la realidad las contradice todas y hace imposible el restablecer todas y cada una de las distintas situaciones y relaciones jurídicas que han sido causadas por tal ley de la que se pretende que nunca ha entrado a formar parte del ordenamiento jurídico. Y es que aquí opera, por sobre todos los demás, el principio de la seguridad en el tráfico jurídico que exige reconocer la vigencia material de la ley en una amplia gama de circunstancias.

Pero también, en segundo lugar, desde el punto de vista de nuestro derecho positivo, se puede extraer la conclusión contraria a la que apuntábamos en un principio: los ejemplos apuntados en el art. 40,1 de la Ley Orgánica puede igualmente (y ello parece lo más adecuado al modelo) interpretarse no como un supuesto excepcional sino como unos supuestos concretos de aplicación de la regla general que, dada su importancia, deben ser explicitados para evitar cualquier duda al respecto.

Finalmente existe un tercer aspecto de los efectos de la sentencia: los sujetos a quien se dirigen. En este punto, tanto la Ley como la Constitución declaran paladinamente su repercusión «erga omnes» incluidos todos los poderes públicos.

Esta última mención a los poderes públicos viene a cuenta porque, como tantas otras, fue objeto de variaciones en el proceso de redacción de la Constitución en cuanto se refería a las competencias del Tribunal Constitucional para anular las sentencias inconstitucionales de la jurisdicción ordinaria (léase Tribunal Supremo). Al final, con buen criterio técnico a nuestro modo de ver, se suprimió tal posibilidad, pero se mantuvo un campo de incidencia que reza —art. 40,2 de la LOTC— de la siguiente forma: «En todo caso, la Jurisprudencia de los Tribunales de Justicia recaída sobre Leyes, disposiciones o actos enjuiciados por el Tribunal Constitucional habrá de entenderse corregida por la doctrina derivada de las sentencias y autos que resuelvan los recursos y cuestiones de inconstitucionalidad.»

El precepto es, sin duda, taxativo: las resoluciones del T.C. obligan a que la jurisprudencia «quede corregida». Sin llegar a enunciados tan lapidarios como los que arrojaban Rubio Llorente y Aragón sobre el art. 161,1,a) de la Constitución del que el precepto de la LOTC es desarrollo y sobre el art. 164,2 (al que calificaban de «notorio disparate»), dicho precepto de la LOTC ofrece dificultades interpretativas bastante notables: presupone que la jurisprudencia es fuente del Derecho —cuestión que sigue siendo debatida— puesto que si no lo fuera —o tuviera una influencia semejante a la de la «doctrina científica»— no tendría por qué ser corregida; mas, por otro lado también, puede expresar una cierta desconfianza (poco adecuada y tal vez inoportuna dentro de un texto legal) hacia el funcionamiento del poder judicial y su respeto por el principio de legalidad: porque si el Tribunal Constitucional, en el ejercicio de su monopolio interpretativo de la Constitución, varía el propio contenido del ordenamiento (declarando nula una o varias leyes, manteniendo la vigencia o haciendo desaparecer determinados preceptos, etc.) no se nos ocurre razón jurídica especial para pensar que el poder judicial no va a proceder conforme al ordenamiento jurídico así fijado. Problema distinto —y en este caso mucho más discutible— es el de afirmar paladinamente que «las opiniones doctrinales» del Tribunal Constitucional obligan a los jueces y magistrados: sin duda pueden —y deben— marcar una pauta interpretativa pero carecen (valga en lo que pueda esta tajante afirmación) de eficacia normativa alguna, tanto más cuanto que ni siquiera obligan al propio Tribunal (la LOTC prevé incluso un procedimiento especial para los casos de que una Sala se aparte de la jurisprudencia anterior) y porque, una de dos, o tales criterios se contienen en la parte dispositiva de la sentencia en cuyo caso conforman el ordenamiento jurídico positivo o se encuadran en los considerandos y por tanto no traspasan la categoría de meras opiniones, ni más ni menos respetables que cualesquiera otras.

En resumidas cuentas, los efectos de las sentencias del Tribunal Constitucional mantenemos que operan «ex nunc», que tienen eficacia «erga omnes» con el valor propio de cosa juzgada —según se declara en la LOTC— y que sientan jurisprudencia obligatoria para los demás órganos constitucionales en cuanto inciden en la conformación del ordenamiento jurídico.

b') *La cuestión de inconstitucionalidad (el recurso de inconstitucionalidad por vía incidental o judicial).* Pocas observaciones se pueden añadir a las ya expresadas sobre el recurso de inconstitucionalidad. Si acaso el profundizar sobre determinados aspectos del mismo y algunos temas conectados que procuraremos posteriormente poner de relieve.

Sin embargo, la llamada «cuestión de inconstitucionalidad» o recurso especial cuya denominación se introduce «ex novo» por la LOTC en desarrollo del art. 163 de la Constitución, supone una vía de excepcional interés que complementa el anterior recurso y abre una puerta de decisiva importancia en la permanencia del control de la constitucionalidad de las leyes que a la vez posibilita la entrada en escena en dicho campo del conjunto de los ciudadanos que puedan ser afectados por una o varias normas pretendidamente inconstitucionales.

En principio cabe decir que este nuevo tipo de recurso es, en cierta forma, el más semejante al que se desarrolla a través del sistema de control difuso. Consiste, como es sabido, en aquel proceso desarrollado ante el Tribunal Constitucional, a instancias de un órgano judicial ordinario (juez o tribunal) cuando éste, de oficio o a instancia de parte, estime en el curso de un proceso también ordinario que una de las leyes aplicables al caso puede hallarse afectada por el vicio de inconstitucionalidad (art. 163 de la Constitución y 35 de la LOTC).

Las condiciones para interponer la cuestión de inconstitucionalidad residen en que el procedimiento judicial esté concluido en su tramitación (es decir cuando el juez o tribunal ya tengan elementos suficientes de juicio para poder opinar sobre las normas aplicables a la resolución del caso) pero en el que aún no se haya dictado sentencia. Por otro lado, el planteamiento de tal cuestión se realiza, como hemos dicho, ante el Tribunal Constitucional y en el escrito en que se efectúe tal planteamiento el juez «a quo» deberá concretar la ley o norma con fuerza de ley cuya constitucionalidad se pone en duda, qué preceptos concretos de las mismas son los afectados por ese cuestionamiento así como manifestar en qué medidas dichos preceptos inciden o pueden incidir en la resolución del caso concreto objeto del procedimiento judicial.

La tramitación de este recurso indirecto de inconstitucionalidad viene regulada en los arts. 36 y 37 de la LOTC, a los que me remito, y en consecuencia no hay diferencias sustanciales con el recurso directo porque, tras los trámites iniciales, se sustancia como si lo fuera y sus efectos son los mismos.

Sin embargo, de nuevo aparece un problema al intentar encajar coherentemente el recurso directo con la cuestión de inconstitucionalidad: se trata de resolver si un asunto que ha sido sentenciado por vía de recurso directo puede volver a ser replanteado posteriormente por la vía de la cuestión de inconstitucionalidad.

Veamos los artículos de la LOTC que regulan tal supuesto: —art. 29,2: «la desestimación, por razones de forma, de un recurso de inconstitucionalidad contra una ley, disposición o acto con fuerza de ley, no será obstáculo para que la misma Ley, disposición o acto puedan ser objeto de una cuestión de inconstitucionalidad con ocasión de su aplicación en otro proceso» —art. 38,2: «Las sentencias desestimatorias dictadas en recursos de inconstitucionalidad impedirán cualquier planteamiento ulterior de la cuestión en la misma vía, fundado en infracción de idéntico precepto constitucional.»

Indicábamos que la cuestión de inconstitucionalidad es una institución que complementa el recurso directo de inconstitucionalidad. Esta función de complementariedad implica no sólo que ambos sean compatibles entre sí sino que, además, puedan ser utilizados indistintamente dentro de los cauces que la ley establece para cada una de ellas. Tal es lo que se reconoce en el artículo 38,2 que acabamos de transcribir cuando impide solamente repetir un recurso contra la misma ley y con igual tipo de alegaciones que ya haya sido fallado desestimatoriamente (es decir, que haya recaído sentencia declarando que la norma impugnada es constitucional). Ahora bien, «a sensu contrario», dicho precepto quiere decir también que se podrá realizar un planteamiento ulterior (un nuevo recurso y, por supuesto, una cuestión de inconstitucionalidad) en la misma vía cuando se impugne la misma ley por considerar que incurre en inconstitucionalidad por violación de otro precepto constitucional distinto del que fue alegado en el primer recurso.

Hasta aquí, por lo tanto, la viabilidad de ambas vías es clara e incluso la viabilidad de la utilización sucesiva de la misma vía conteniendo alegaciones distintas. Sin embargo, lo dispuesto en el art. 29,2 viene aparentemente a decir todo lo contrario puesto que una interpretación del sentido gramatical del precepto nos viene a indicar que *sólo* se podrá volver a plantear un recurso de inconstitucionalidad contra una norma cuando el recurso previo haya sido desestimado por razones de forma y no de fondo. O, en otras palabras, que de una lectura directa de este artículo: 1.º) Se impide el planteamiento posterior de cuestiones de inconstitucionalidad contra esta ley cuando el recurso directo haya sido desestimado por razones de fondo; 2.º) Se impide la propia funcionalidad de la institución de la cuestión de inconstitucionalidad que reside, justamente, en facilitar al Tribunal Constitucional esa constante adaptación de la Constitución y, en consecuencia, del ordenamiento jurídico a las cambiantes realidades sociales; 3.º) Se impide volver a interponer una cuestión de inconstitucionalidad cuando una anterior (posiblemente lejana en el tiempo) haya sido ya desestimada.

Contra esta interpretación se ha levantado razonablemente toda la doctrina. García de Enterría [73] lo expresa

---

73. E. GARCÍA DE ENTERRÍA, «La posición jurídica del Tribunal Constitucional», *op. cit.*, p. 141.

de forma muy clara: «Es importante notar que la desestimación de un recurso directo contra una ley no es un obstáculo para que el mismo motivo de inconstitucionalidad pueda ser planteado ulteriormente en una "cuestión de inconstitucionalidad", afirmación que hacemos con conciencia de que contradice el texto literal de los artículos 29,2 y 38,2 de la Ley Orgánica del Tribunal.» Y a continuación advierte el peligro de este tipo de interpretación «tanto por el bloqueo que supone el libre acceso constante a la Constitución (frente a la cual se haría prevalecer la doctrina de una sentencia interpretativa de la misma) como por obstaculizar una de las funciones políticas más importantes del Tribunal Constitucional, la de una interpretación constitucional evolutiva que adapte el texto de la Constitución a las situaciones históricas cambiantes (...)» (ibídem, pág. 142).

Por su lado, Rubio Llorente y M. Aragón han procurado dar una interpretación «integrativa» que pueda evitar no sólo los efectos negativos de esa lectura literal a que aludíamos sino también una posible alegación (y, por tanto, una posible eliminación) de la constitucionalidad de tales preceptos. De acuerdo con esta interpretación, lo dispuesto en el art. 29,2 habría de entenderse conforme al siguiente razonamiento:

«Parece obvio que si, por razones de fondo, el Tribunal puede modificar su jurisprudencia (posibilidad que, además, el art. 13 de la Ley Orgánica confirma), en cambio, cuando la desestimación del recurso se produce por razones de forma, es decir, por apreciar el Tribunal que la norma impugnada por defectos formales es constitucional, y en consecuencia no posee tales defectos alegados, la posibilidad de una posterior impugnación en vía indirecta, por idéntico motivo, es menos defendible teóricamente. Sin embargo, para mayor garantía de los ciudadanos y para evitar cualquier interpretación de la ley que pudiese coartar la libertad del Tribunal para revisar su doctrina, la propia Ley ha querido confirmar expresamente que, ni aún en los supuestos de la desestimación del recurso por razones de forma, se cierra el camino de una posterior impugnación por vía indirecta. O lo que es igual, que la compatibilización entre el recurso y la cuestión se extiende tanto a los supuestos de inconstitucionalidad material como a los de inconstitucionalidad formal.» [74]

De acuerdo con esta última postura que, como los propios autores admiten, fuerza un poco la interpretación del sentido del precepto, se entendería que el mismo no hace referencia a prohibición alguna sino que, por el contrario, supone una garantía más que deja expedito el camino de posteriores impugnaciones. Es como si su redactado fuera éste: «Ni siquiera la desestimación de un recurso por razones de forma impedirá su planteamiento posterior por razones de fondo.»

b) *El control previo de constitucionalidad*

a') *El control previo de los tratados internacionales.* —El art. 95,2 de la Constitución (integrado en el capítulo III del Título IV y que hace referencia a «los Tratados Internacionales») señala que «El Gobierno o cualquiera de las Cámaras puede requerir al Tribunal Constitucional para que declare si existe o no esa contradicción» (un tratado internacional que contenga estipulaciones contrarias a la Constitución; art. 95,1).

Este precepto —no aludido después en el Título IX que regula el Tribunal Constitucional— ha sido desarrollado por la LOTC en su art. 78 que repite textualmente el anterior precepto constitucional pero añade una condición: que la consulta debe hacerse cuando «el texto estuviere ya definitivamente fijado pero al que no se hubiere prestado aún el consentimiento del Estado».

Los efectos de la declaración del Tribunal son los de un «informe vinculante» y su tramitación, por lo tanto, no responde a los principios de un juicio controvertido sino a los de un expediente informativo por medio del cual para fundamentar su decisión puede recabar diversos asesoramientos y opiniones.

La única cuestión tal vez discutible o, al menos, diferenciada respecto de otros mecanismos de control se halla en la legitimación activa para interponer la consul-

---

74. RUBIO LLORENTE y ARAGÓN, «La jurisdicción constitucional», *op. cit.*, p. 838.

ta: tanto la Constitución como la LOTC hablan del Gobierno y de las Cámaras. Por lo tanto por Gobierno habrá de entenderse no su Presidente —como sucede en otros supuestos— sino el Gobierno como órgano colegiado que debe adoptar el acuerdo en Consejo de Ministros. En cuanto a las Cámaras, esta cuestión se encuentra actualmente regulada por el art. 157,1 del Reglamento del Congreso de los Diputados que indica lo que sigue:

«Si durante la tramitación de un tratado o convenio en el Congreso se suscitaren dudas sobre la constitucionalidad de alguna de sus estipulaciones, el Pleno del Congreso, a iniciativa de dos grupos parlamentarios o una quinta parte de los diputados, podrá acordar dirigir al Tribunal Constitucional el requerimiento previsto en el art. 95,2 de la Constitución.»

b') *El control previo de las leyes orgánicas.* — Se trata este control de uno de los más peculiares —más heterodoxos desde un punto de vista técnico— de los que ha introducido como novedad la LOTC. Y se trata de uno de los más irritantes por lo que tiene de carga política directa: no fue previsto por la Constitución y fue introducido en la LOTC con la finalidad de controlar «in extenso» el desarrollo del proceso autonómico. No es que la existencia de un control constitucional presuponga la disminución posible de los ámbitos de autonomía; por el contrario, el control de la constitucionalidad es imprescindible en nuestro sistema. Lo que ocurre es que, en el presente caso, nos hallamos ante un control inútil. Veremos por qué.

En primer lugar este tipo de control se plantea como un auténtico recurso de inconstitucionalidad (y así lo denomina la LOTC en el encabezamiento de su capítulo segundo del Título VI «Del recurso previo de inconstitucionalidad contra los proyectos de Estatutos de Autonomía y las Leyes Orgánicas»). Y por tanto los elementos para poseer la legitimación activa son los propios de los recursos directos de inconstitucionalidad (art. 79,2 de la LOTC).

Pero, en segundo lugar, se trata de un recurso muy particular puesto que se dirige no contra leyes sino contra proyectos que aún no han adquirido la naturaleza de norma jurídica aunque se encuentren (exigencia impuesta por la Ley) definitivamente redactados. Y la pregunta que surge no puede ser más que ésta: ¿cómo puede recaer una sentencia —que en este caso es un acto jurídico creador de derecho— sobre algo que aún no es norma, que aún no es derecho? La regulación debiera haber sido otra, ya que para los tratados internacionales (de mayor importancia que estas otras normas, puesto que «la celebración de un tratado internacional que contenga estipulaciones contrarias a la Constitución exigirá la previa revisión constitucional», art. 95,1) se ha arbitrado una fórmula no de «recurso» sino de expediente informativo con efectos vinculantes.

Hay otros defectos formales (como el que dicho capítulo sólo contempla los proyectos y se olvida de las «proposiciones» —categoría ésta que ya existía en la misma Constitución—) pero es que además perviven determinados cuestionamientos de difícil contestación razonable. Como ya indicábamos en la edición anterior, ¿qué causa jurídica se puede esgrimir para someter a un control supletorio por parte del T.C. normas cuya aprobación ya ha exigido previamente un procedimiento reforzado? Se podrá decir con cierta ironía que la desconfianza de la ley orgánica respecto del legislador aumenta a medida que éste debe conseguir mayorías más amplias para poder aprobar una norma (y, por tanto, a medida que éste desarrolla un mayor proceso de reflexión).

Pero, sobre todo —decíamos— es inútil. No se acaban de discernir con claridad las ventajas de un sistema semejante que coloca al Tribunal Constitucional en posición de verdadero colegislador (puesto que su sentencia obliga a las Cortes a rectificar el proyecto o proposición de ley en el sentido marcado por el propio Tribunal); ni, sobre todo, se aprecia la ventaja que posee un mecanismo que después, una vez aprobada la ley, podrá volver a ser utilizado.

Finalmente, en el mismo ámbito crítico, es preciso tener en cuenta otro par de objeciones: la primera referida a la importación del sistema de su homólogo en el derecho comparado; la segunda deducida de la inferencia que el mismo produce en el proceso legislativo.

El modelo que expresa esta competencia excepcional y anómala dentro del régimen de nuestro sistema de justicia constitucional es el contenido en la Constitución francesa de 1958 y al que hicimos alusión de pasada. Es un sistema de control previo, no jurisdiccional, realizado por un órgano de carácter predominantemente político, y que se ejerce especialmente frente a leyes orgánicas «francesas», es decir, frente a leyes cuya naturaleza poco tiene que ver con las correspondientes leyes orgánicas españolas en sus variadas manifestaciones. En consecuencia, mientras este tipo de control conserva su funcionalidad dentro del sistema constitucional francés, al ser importado al nuestro se convierte en un adefesio que es difícil de integrar en el mismo.

En cuanto a su repercusión perturbadora en el proceso legislativo es obvio que interrumpe artificialmente el «iter» de la ley, sustituye la voluntad del Parlamento y se interfiere en un ámbito (el de producción de normas) que naturalmente debiera ser extraño a la justicia constitucional que por definición no es poder legislativo. Por otro lado, y ello no es infrecuente, se convierte en un mecanismo de manipulación política del Tribunal Constitucional por parte de minorías parlamentarias que carecen de otros canales de incidencia en el proceso de adopción de decisiones institucionales.[75]

c) *El recurso de amparo constitucional*

La mayoría de los sistemas de amparo constitucional reclaman su procedencia del modelo mejicano en cuyas particularidades no entraremos.

Sin embargo, el amparo de los derechos constitucionales (en nuestra Constitución y en su desarrollo por la LOTC se hereda directamente de la Constitución republicana y supone, a su vez, una mezcla del sistema federal alemán y, accesoriamente, del sistema italiano) responde a necesidades distintas y cumple otras funciones

---

75. Cuestión distinta es que *las* minorías se vean obligadas a utilizar estos mecanismos desviados por la falta de un reconocimiento suficiente de la gestión política.

que aquellas para las que el modelo mejicano fue creado.

En términos abiertos podemos decir que en los modernos sistemas constitucionales que normativizan el llamado Estado democrático de Derecho, la regulación de los derechos constitucionales (de determinados derechos constitucionales por lo menos) ofrecen aspectos determinantes que configuran el nuevo sistema: por una parte, ese reconocimiento pasa a constituir la médula esencial del propio modelo de Estado diseñado por la Constitución; por otro, los derechos adquieren una fuerza normativa (una capacidad de eficacia jurídica) en proporción directa a las garantías institucionales previstas destinadas no a que se transformen en meros postulados ideológicos, sino que adquieran la condición de verdaderos derechos públicos subjetivos (por utilizar una expresión clásica y posiblemente ya superada). Es decir, los preceptos constitucionales que recogen determinados derechos son preceptos de aplicación y *exigibilidad* directa cuando para ello se introducen mecanismos e instituciones destinados a hacerlos cumplir y en la medida que tales mecanismos e instituciones operan en la práctica.

Fijándonos en el último de los caracteres, que es el que ahora nos importa, se ha de indicar que en relación con él se entronca tanto el sistema de garantización de la eficacia y exigibilidad de los derechos como el recurso de amparo constitucional en cuanto culminación de dicho sistema.

El amparo constitucional, desde la perspectiva apuntada, lo podemos definir como aquel recurso que, como cúspide del sistema de garantías de los derechos expresados por la propia Constitución, se sustancia ante el Tribunal Constitucional, y es interpuesto, tras el agotamiento de la vía jurisdiccional previa, por quienes han estimado la existencia de una violación concreta de sus derechos, tiene como finalidad la reposición del afectado por tal violación en el derecho constitucional vulnerado.

Se hace necesario, pues, ir describiendo cada uno de los elementos de la anterior definición y añadir aquellos otros que la complementan.

De acuerdo con la regulación contenida en los arts. 41 y siguientes de la LOTC cabe extraer los siguientes caracteres de este tipo de recurso.

En primer lugar, la legitimación para interponerlo puede corresponder, según los casos, al Defensor del Pueblo, al Ministerio Fiscal, a quienes hayan sido parte en el proceso judicial previo y, por supuesto, a la persona directamente afectada en su derecho (art. 46). Además de los recurrentes directos pueden aparecer como «coadyuvantes» o como «demandados» las personas que ostenten un interés legítimo en el recurso (estas categorías no podemos pasar a explicarlas ahora).

Más interesante, en segundo término, es el núcleo de derechos constitucionales que pueden ser protegidos por este recurso. Su objeto será, según indica el propio art. 41 de la LOTC, «los derechos y libertades reconocidos en los arts. 14 a 29 de la Constitución» así como «la objeción de conciencia reconocida en el art. 30 de la Constitución». Y esta protección implica, por exclusión, que sólo pueden ser esos derechos y no otros los sometidos al recurso de amparo.

Ahora bien, junto a los sujetos legitimados para la interposición del recurso y el ámbito de protección para el cual se ha creado, aparece un tercer elemento de carácter también sustancial y sobre el que después podremos hacer algún comentario: se trata de la determinación de si todos los derechos violados o vulnerados siempre que se encuentren reconocidos por los artículos de la Constitución a que antes hacíamos referencia son objeto de protección en este ámbito. La contestación de la ley es negativa: serán objeto de protección únicamente aquéllos que hayan sido violados por «disposiciones, actos jurídicos o simple vía de hecho de los poderes públicos del Estado, de las Comunidades Autónomas y demás entes públicos de carácter territorial, corporativo o institucional así como de sus funcionarios y agentes» (art. 41,2 de la LOTC).

Aunque sobre esta última cuestión volveremos brevemente, sí nos interesa dejar constancia de que este tipo de «legitimación pasiva» ha sido interpretado con cierta amplitud por el T.C.

Al margen de ello, aparecen otros elementos configurados del recurso de amparo. Así uno, y muy importante, es el referido a la necesidad de haber agotado la vía judicial precedente, de acuerdo con lo que dispone el art. 53,2 de la Constitución. Esto comporta una calificación especial del recurso de amparo en nuestro sistema: el que no se trata de un recurso directo (a diferencia de lo que sucede en el alemán) sino que, por el contrario, se posibilita únicamente tras haber intentado el mismo objetivo ante la jurisdicción ordinaria y haber fracasado en la pretensión aducida. No quiere ello decir que el recurso de amparo se presente como una instancia «superior» —de casación por así decirlo— respecto de la jurisdicción ordinaria, sino que, por el contrario aparece como un recurso «constitucional», de naturaleza propia que no se pronuncia sobre los argumentos y decisiones anteriores de los jueces y Magistrados sino únicamente sobre la pertinencia constitucional de la petición efectuada por las partes.

Esto nos lleva de la mano al tema que anteriormente anunciábamos: la conexión entre «legitimación pasiva» y determinadas sentencias del T.C. en recursos de amparo. Planteemos el problema: ¿es posible que el Tribunal Constitucional conozca en recurso de amparo la vulneración de derechos efectuada por particulares, contra lo que expresamente dispone el art. 51,2 de la LOTC? La contestación dada por el propio Tribunal ha sido positiva por el juego del art. 24 de la Constitución que reconoce como derecho fundamental el de la «tutela efectiva de los jueces y tribunales en el ejercicio de sus derechos e intereses legítimos» en relación con el art. 44 de la LOTC que establece la posibilidad de interposición del recurso de amparo contra un acto u omisión de un órgano judicial cuando, entre otras condiciones, la violación del derecho o libertad sea imputable de modo inmediato y directo a dicho órgano con independencia de los hechos que dieron lugar al proceso.

Sentados así algunos de los caracteres de este tipo de recurso y remitiéndonos en materia de tramitación a lo dispuesto por la LOTC, debemos finalmente distinguir dos derivaciones posibles o dos alternativas que procesalmente pueden provocar las violaciones de los derechos y libertades constitucionales: la primera responde a los principios hasta aquí descritos y se sustancian por el recurso de amparo propiamente dicho; la segunda es aquella que se origina cuando la violación ha sido causada por una ley, disposición o acto con fuerza de Ley. Pues bien, en este último supuesto, los trámites previos ante la jurisdicción ordinaria se han de realizar conforme a las normas generales: pero al llegar a la instancia del Tribunal Constitucional se reconvierte en un proceso de inconstitucionalidad de la ley o norma y la tramitación ha de ser realizada por esa vía. De esta forma y en este particular supuesto los efectos son los propios de un recurso de inconstitucionalidad. A lo dicho allí nos remitimos.

Finalmente, y sin pretensiones de agotar el tema, quedan por exponer otros dos puntos. Uno referido a los efectos de la sentencia recaída en el recurso de amparo constitucional; otro el que se refiere a la regulación general de la fase previa a la interposición de tal recurso.

En materia de efectos, el contenido de la sentencia habrá de otorgar o denegar el amparo solicitado. Si se otorga el amparo podrá contener alguno de los siguientes pronunciamientos: 1) Declarar la nulidad de la decisión, acto o resolución recurrido; 2) Reconocer el derecho o libertad pública de acuerdo con el contenido que tenga constitucionalmente declarado; 3) Restablecer al recurrente en la integridad de su derecho o libertad con la aplicación de las medidas apropiadas, en su caso, para la conservación de dicho derecho o libertad.

En materia de regulación de la fase previa ante la jurisdicción ordinaria, la disposición transitoria 2.ª,2 de la LOTC declara provisionalmente vigente a los efectos del amparo y con extensión a todos los derechos objeto de amparo constitucional la Ley de protección jurisdiccional de los derechos fundamentales de 26 de diciembre de 1978. A su contenido normativo nos remitimos.

d) *Los conflictos constitucionales*

Regulados en el Título IV de la LOTC, en desarrollo de lo previsto en la Constitución, se distinguen, en primer lugar, tres posibilidades de conflictos según los órganos entre quienes se planteen: 1) Los que opongan al Estado con las Comunidades Autónomas; 2) Los que se susciten entre dos Comunidades Autónomas entre sí; 3) Los que opongan al Gobierno con el Congreso de los Diputados, el Senado o el Consejo General del Poder Judicial; o a cualquiera de estos órganos constitucionales entre sí.

De todas formas estos tres tipos pueden referirse a dos por razón de la materia: los que afectan a la distribución de competencias derivada, a su vez, de la distribución territorial del poder político que la Constitución efectúa (que podríamos denominar conflictos sobre «autonomías»); y los que afectan a los órganos constitucionales del Estado.

La regulación de ambos tipos es similar aunque en el primero existe una especialidad a la que después haremos referencia.

En materia común y en términos generales, los conflictos pueden ser de dos tipos: positivos y negativos. El primero de ellos se plantea cuando dos entes u órganos recaban para sí una misma competencia; el segundo cuando ninguno de los entes u órganos pretendidamente competentes reconoce la titularidad o el correspondiente ejercicio de la misma.

Tanto uno como otro tipo de conflictos, el procedimiento se inicia siempre a instancia del órgano o ente que tiene interés directo o en ejercer la competencia que le niega otro órgano o en impedir que la misma se ejerza. Tras las respectivas notificaciones mutuas y el mantenimiento de la actitud primera que dio lugar al conflicto, entra a conocer el Tribunal Constitucional que, mediante un proceso contradictorio y oídas las partes en conflicto, atribuye la competencia al órgano o ente correspondiente mediante sentencia.

La especialidad referida se concreta en el conflicto de competencias entre el Estado y las Comunidades Autónomas, cuando aquél actúa a través del Gobierno de acuerdo con lo que prevé el art. 161,2 de la Constitución. Esta impugnación puede tener las siguientes variantes y formulaciones procesales: a) recurso del Gobierno por entender que una ley de una Comunidad Autónoma es inconstitucional; b) Recurso del Gobierno por entender que una disposición, resolución o acto de una Comunidad autónoma no respeta el ámbito de su propia competencia (conflicto de competencias). Ambos extremos son reconducibles en su tramitación según los casos o bien por la vía del recurso de inconstitucionalidad directo o bien por la vía del conflicto de competencias; y en ambos supuestos, la admisión del correspondiente recurso por parte del Tribunal Constitucional acarreará la suspensión de los efectos, mientras dura la tramitación y a expensas de la resolución final, de la Ley, disposición, resolución o acto de las Comunidades Autónomas que hayan sido recurridos por el Gobierno.

Conclusiones

De lo anteriormente expuesto, sin poder ampliar mucho estos comentarios, podemos deducir:

1.º — Extensión tal vez desmesurada de las competencias y atribuciones del Tribunal Constitucional que invaden el campo reservado normalmente a la jurisdicción ordinaria e incluso al ámbito de autonomía parlamentaria.
2.º — Posibilidad de utilización «politizada» del Tribunal Constitucional por los efectos suspensivos que produce la mera interposición de algunos recursos: caso del recurso previo de inconstitucionalidad y casos en que el Gobierno decide impugnar una disposición (con fuerza o sin fuerza de ley) o resolución de las Comunidades Autónomas o el ejercicio por parte de éstas de alguna competencia que el propio Gobierno estime suya.
3.º — No obstante, esto no prejuzga la imparcialidad o parcialidad de las sentencias del Tribunal Constitucional, cuya figura ha venido funcionando en el derecho constitucional comparado como un instrumento útil de interpretación y desarrollo del propio texto constitucional.

6. LA REFORMA CONSTITUCIONAL

Nuestra Constitución reserva el Título X a la «reforma constitucional» y en él se marcan las diversas vías que deben utilizarse para su modificación, cuyo carácter genérico es el de una extraordinaria rigidez formal. En las líneas posteriores nos limitaremos a describir los supuestos que la Constitución prevé así como marcar alguno de los problemas que la doctrina ha venido planteando en relación con la reforma constitucional.

Con arreglo a una terminología no excesivamente clara, nuestro texto constitucional distingue entre «reforma» y «revisión». Por la primera entiende la modificación parcial de las que podríamos denominar partes ordinarias o simples de la propia Constitución, independientemente del número de preceptos cuya modificación se proponga; por la segunda, en cambio, se regula la modificación de la totalidad de la Constitución o de partes que se consideran fundamentales o sustanciales (que de acuerdo con el art. 168,1 están integrados por el Título Preliminar, la Sección 1.ª del Capítulo segundo del Título I —art. 15 al 29: «Derechos fundamentales y libertades públicas»— y todo el Título II —«De la Corona»—).

La diferencia entre ambas modalidades reside en los distintos procedimientos creados para uno u otro tipo de modificación. En ambos casos, no obstante, el sistema de *iniciativa* es el mismo: se ejercerá en los términos previstos en los apartados 1 y 2 del art. 87 o, lo que es lo mismo, deberán ejercitarla el Gobierno, el Congreso, el Senado o las Asambleas de las Comunidades Autónomas. El Gobierno la ejercerá a través de un proyecto articulado aprobado en Consejo de Ministros, de acuerdo con lo que dispone el art. 88 de la Constitución; el Congreso, según se establece en la Sección IV del Capítulo III de su Reglamento —Art. 146,1)—, mediante una proposición de ley que, a diferencia del trámite general de tales proposiciones, deberá ir firmada por dos grupos parlamentarios o por una quinta parte de los diputados, perfeccionándose dicha iniciativa cuando se vote favorablemente su toma en consideración; también en el caso del Senado (art. 152 de su Reglamento) el procedimiento es similar: la proposición articulada deberán presentarla al menos cincuenta senadores que pertenezcan a más de uno de los grupos del propio Senado y la iniciativa se perfecciona mediante el trámite positivo de toma en consideración. Idéntica, finalmente, es la tramitación de la iniciativa ejercida a través de las Asambleas de las Comunidades Autónomas cuando éstas presentan al Congreso una proposición de este tipo: el Congreso habrá de votar también la toma en consideración; la otra posibilidad que tienen los Parlamentos Autónomos para realizar ese primer acto de los que componen la iniciativa es pedir al Gobierno que elabore un proyecto de ley (art. 87,2 de la Constitución) para la reforma constitucional; si éste accede, el trámite es directo sin pasar por el de toma en consideración que, como es sabido, es propio exclusivamente de las proposiciones de ley. Según se puede observar, en estos dos últimos supuestos, la titularidad del ejercicio de iniciativa propiamente dicha es asumida por el Congreso de los Diputados o por el Gobierno (puesto que perfeccionan o eliminan el trámite de iniciativa en cuanto tal) y sólo accesoriamente por las CC.AA.

La diversidad de procedimientos comienza, pues, a partir de la perfección del trámite de la iniciativa a que nos acabamos de referir.

a) *El procedimiento de reforma constitucional*

La tramitación posterior al ejercicio parlamentario o gubernamental de la iniciativa sigue los mismos pasos que la de los proyectos y proposiciones de ley: tras su publicación en el Boletín de las Cortes, se abre un plazo de quince días para la presentación de enmiendas; en caso de que se presenten a la proposición o proyecto de reforma enmiendas a la totalidad, con texto completo alternativo, o enmiendas a la totalidad con petición de devolución al gobierno sin texto alternativo —cuando se trate exclusivamente, como es obvio, de un proyecto— el Pleno del Congreso realizará un debate de totalidad (así lo denomina el Reglamento) en el que se discutirán tales enmiendas con votación final y necesitando mayoría simple para que las mismas prosperen: ha de entenderse, como es obvio, que, en el supuesto de que haya varias enmiendas a la totalidad, sólo podrá suceder que o fracasan todas o triunfa exclusivamente una de ellas. En definitiva, nos encontramos ante el mismo procedimiento que se sigue para los demás proyectos o proposiciones de ley y esto ocurre también con los trámites siguientes: envío del proyecto o proposición a la Comisión Constitucional quien nombra de entre sus miembros una Ponencia para que emita un informe a la vista de los textos y de las enmiendas presentadas; a partir de dicho informe discute pormenorizadamente el texto, artículo por artículo, tras lo cual emite un dictamen. Este dictamen junto con los votos particulares y enmiendas que no hayan sido incorporadas al nuevo texto pasan a ser discutidos por el Pleno. Aquí se inicia de nuevo la misma discusión y votación particularizada con votación final del conjunto.

Para que sea aprobado el texto de reforma constitucional se requiere la mayoría de *tres quintos* de la Cámara. Iguales trámites se seguirán en el Senado para aprobar el texto remitido por el Congreso. En este último caso, si el Senado no introduce enmiendas, deberá aprobar dicho texto por idéntica mayoría de tres quintos; pero podrá aprobar, por igual mayoría, un texto distinto al remitido por el Congreso mediante la introducción de las oportunas enmiendas. Si esto último ocurriera, se nombrará una comisión mixta paritaria de ambas cámaras con el encargo de elaborar un texto alternativo que pueda ser aceptado tanto por una como por otra por la mayoría indicada de tres quintos; si dichas mayorías no se obtuviesen bastará que el nuevo texto sea aprobado por mayoría absoluta en el Senado y por dos tercios en el Congreso.

Como se ve, el trámite es farragoso y confuso. Santaolalla López [76] intentaba solucionar esta complejidad interpretando el art. 167 de la Constitución en el sentido de exigir la mayoría de los tres quintos una vez que, por diversas vías, se estuviera ante el texto definitivo. Interpretación quizá forzada pero simplificadora de la maraña inútil de esta regulación. No obstante, la aprobación definitiva de los Reglamentos del Congreso y del Senado han dejado las cosas tal como las hemos descrito más arriba, con lo cual las posibilidades que se abren, sin ningún ánimo exhaustivo, son más o menos las siguientes:

1.ª Si se alcanza en las dos Cámaras la mayoría de 3/5 sobre el texto del Congreso, la reforma queda aprobada, a reserva de la utilización del referéndum potestativo del que luego hablaremos.

2.ª Si el Senado no aprueba modificaciones al texto del Congreso pero en votación final no se alcanza la mayoría de 3/5 la reforma queda rechazada.

3.ª Si el Senado aprueba enmiendas que varíen el contenido del texto del Congreso pero en votación final sobre el texto así modificado no se obtiene la mayoría de 3/5, la reforma queda rechazada.

4.ª Si el Senado en el mismo supuesto que en el caso anterior obtiene la mayoría de 3/5, la reforma continúa su tramitación a través de la mencionada Comisión mixta encargada de redactar un texto consensuado.

5.ª Si la Comisión mixta no obtiene mayoría entre sus miembros sobre el texto cuya redacción le está encomendada, la reforma queda bloqueada.

6.ª Si la Comisión mixta redacta un texto común para ambas Cámaras, se producen, a su vez, las siguientes posibilidades:

6.ª') Que en el Congreso no obtenga la mayoría de 3/5: la reforma queda rechazada.

6.ª'') Que se obtenga esa mayoría en el Congreso pero no se obtenga en el Senado, en cuyo caso:

a') Si la votación del Senado no consigue la mayoría absoluta, la reforma queda rechazada.

---

76. F. SANTAOLALLA, en *Comentarios a la Constitución*, pp. 1736-1737, dirigida por F. Garrido Falla, Civitas, Madrid, 1980.

b') Si obtiene mayoría absoluta, el texto es de nuevo reenviado al Congreso para que éste se pronuncie de nuevo y la tramitación continúa.

7.ª Si el Congreso, una vez recibido el texto del Senado, en nueva votación, no aprueba el texto por mayoría de 2/3, la reforma queda rechazada.

8.ª Si el Congreso lo aprueba por esa mayoría, la reforma queda aprobada, a resultas de lo indicado en (1.ª).

No creo que puedan darse otras interpretaciones porque en el punto de la exigencia de las mayorías y el momento de tales exigencias existe una completa claridad tanto en el Reglamento del Congreso como en el del Senado: Art. 146, 2, 3 y 4 del primero y art. 156 del segundo.

El trámite aparece así como desigual (hay mayorías distintas y órganos diversos) y relativamente incoherente en apariencia (no se ve a qué responden las exigencias primera y segunda de 3/5 al Senado para luego rebajarla a mayoría absoluta mientras se la compensa con un aumento en la mayoría exigida al Congreso —2/3). Pero, de todas formas, buscando una cierta lógica en todo el procedimiento es posible distinguir, en lo que a la actividad del Senado se refiere, dos momentos y actos de naturaleza distinta, cada uno de los cuales posee una regulación independiente: el primer tipo de acto será el de ratificación del texto del Congreso que se entenderá otorgada cuando se produzca esa primera mayoría y denegada en caso contrario; en cambio, el segundo tipo de acto será propiamente de creación legislativa propia y en consecuencia las reglas aplicables no sólo no tienen por qué relacionarse con la actividad ratificadora o denegadora sino que deben atender a esa nueva naturaleza de creación normativa positiva; en la que se distinguen dos fases: cuando la creación normativa es similar a la del Congreso y cuando nos encontramos ante dos voluntades legislativas creadoras que hay que coordinar, en última instancia bajo el predominio del Congreso (tal es el sistema constitucional general y de ahí la mayoría de 2/3 que se le pide) pero reconociendo la capacidad legislativa del Senado al que se le sigue exigiendo una mayoría cualificada —la absoluta— por más que sea inferior a la de la Cámara hegemónica.

El procedimiento termina, en todo caso, con la utilización del referéndum facultativo: para ejercerlo se requerirá la petición de una décima parte de diputados o de senadores (art. 167,3).

b) *El procedimiento de revisión constitucional*

En los casos de reforma parcial reforzada o reforma total, a los que la Constitución denomina «revisión», ya vimos que las posibilidades y modalidades de ejercicio de la iniciativa eran comunes al supuesto anterior. Ahora bien, el contenido de tal iniciativa necesariamente ha de ser distinto no sólo por el objeto de reforma que tales propuestas contienen sino también porque la forma normativa presentada ha de tener una formulación material también diversa. En la reforma parcial la proposición o proyecto debía contener no sólo la señalización de los preceptos constitucionales afectados sino también la redacción de los nuevos destinados a sustituir o añadir a los primeros. Por el contrario, el contenido de la proposición o proyecto de «revisión» únicamente ha de contener los preceptos afectados, por supuesto, y *el principio de que tienen que ser revisados, anulados, modificados, sustituidos*.

Y este «principio» es lo que precisamente han de aprobar las Cortes como específico contenido de la propuesta de revisión que hasta ese momento ha sido tramitada como proposición o proyecto y que da lugar al cierre de la primera fase: tanto el Congreso como el Senado deben aprobar la propuesta —se entiende que sin modificaciones— por mayorías respectivas de 2/3. La cuestión así planteada no deja, sin embargo de ofrecer problemas: porque, supuesto que la proposición o proyecto de reforma puede afectar a varios de los preceptos que figuran en las partes especialmente protegidas a que se refiere el art. 168,1 de la Constitución, habría que admitir que el «principio» de su revisión o reforma podría ser aceptado para alguno de ellos y rechazado para otros; e, incluso, podría ocurrir que el criterio de aceptación o rechazo no fuese el mismo en el Congreso que en el Senado. Sin embargo, el procedimiento que recoge la Constitución y que fijan los actuales Reglamentos del Congreso y del Senado no parecen dar lugar a este tipo de alternativas: las Cortes han de aprobar o rechazar en bloque, puesto que se trata de un trámite en la primera fase de proposición o proyecto que no puede ser sometido a enmiendas ya que su elaboración definitiva pertenece a Cortes distintas a las que dan el visto bueno a tal iniciativa.

Con ello se abre la segunda fase: aprobado el principio de revisión constitucional por las mayorías indicadas, las Cámaras se disuelven y se convocan nuevas elecciones. Serán, de esta forma, las nuevas Cortes quienes den cuerpo a la revisión constitucional a través de los siguientes y sucesivos trámites:

1.º Aprobación (ratificación), por mayoría absoluta de cada una de las Cámaras, del principio que fue adoptado por las Cortes anteriormente disueltas.

2.º Elaboración de la revisión por el Congreso, con arreglo al procedimiento legislativo común (enmiendas, Comisión, etc...), y votación del texto que para ser aprobado ha de obtener la mayoría de 2/3 de la Cámara.

3.º Traslado de dicho texto al Senado quien, con arreglo al mismo procedimiento —el art. 159 del Reglamento del Senado habla expresamente de plazo de presentación de enmiendas—, deberá aprobar el texto por igual mayoría (2/3).

4.º Sometimiento del texto de revisión a referéndum de la Nación con carácter obligatorio y vinculante.

Es evidente que aquí aparecen de nuevo problemas reales y no meramente hipotéticos como en la fase anterior. En primer lugar, nos encontramos con que la elaboración de la revisión se realiza de acuerdo con el trámite legislativo ordinario: de donde se deduce que la elaboración arranca del Congreso [pese a la confusa redacción del art. 159 del Reglamento del Senado que señala que tras la ratificación «Acto seguido se abrirá plazo de presentación de enmiendas...» que podría dar a entender que la elaboración del texto se produce paralela y simultáneamente en ambas Cámaras] y, una vez aprobado, deberá pasar al Senado donde también se elabora por trámite legislativo ordinario. Aquí aparece esa inicial perplejidad: *a*) ¿el Senado puede aprobar un texto diferente al del Congreso?; la contestación es evidentemente afirmativa porque si no sobraría el trámite de enmiendas; y *b*) en este supuesto ¿se deberá devolver el nuevo texto al Congreso y éste aceptarlo por otra mayoría de 2/3 o rechazarlo ratificando su texto original mediante igual mayoría? Lo razonable será aquí aplicar, como expresamente indica el Reglamento del Congreso, las prescripciones reglamentarias que operan para el trámite legislativo ordinario aplicando los art. 122 y 132 de dicho Reglamento pero con las especialidades que este supuesto impone: si el Senado ha elaborado un texto completamente distinto del que recibió del Congreso, éste tendrá que optar por mayoría de 2/3 entre el que él aprobó o el del Senado; si el Senado ha introducido enmiendas, éstas serán aceptadas o rechazadas en bloque por idéntica mayoría. Sin duda pueden existir otras alternativas, pero, desde la lógica del procedimiento parlamentario, éstas parecen las más adecuadas. No por ello dejan de aparecer cuestiones poco claras, como es, por ejemplo, la que se suscita al preguntarse si no cabe considerar que la aprobación por el Congreso de un texto diferente al que en su momento aprobó el Senado (cuando le ha sido devuelto por éste modificado) no viola el art. 168,2 de la Constitución que exige la mayoría de 2/3 y ha de entenderse que tal mayoría lo será para el mismo texto, no para textos diferentes.

Por eso llevaba razón M. Contreras cuando echaba de menos la previsión de una comisión mixta, al estilo de la que deberá funcionar para la reforma simple.

El segundo de los aspectos problemáticos que se desprenden de la anterior regulación es el referente al ámbito y extensión de la revisión constitucional en relación con lo que fue su aprobación de principio. En otras palabras, las nuevas Cortes que surgen tras la disolución de las anteriores ¿pueden ampliar o, en su caso, restringir el «principio» aprobado por estas últimas y, a su vez, ratificado por ellas mismas? En el caso de reforma total nos encontraremos básicamente ante una nueva Constitución —y de ello hablaremos más adelante— y no ofrece especiales dificultades salvo las derivadas de los límites posibles a la revisión o reforma constitucional. La cuestión surge en caso de revisión parcial operando sobre el principio de si las Cortes se encuentran ligadas a los propios actos.

La contestación, a nuestro juicio, debe ser matizada y depende en buena parte de la naturaleza constituyente en sentido estricto que se otorgue o se deje de otorgar a dichas Cortes; y depende, igualmente, del significado del mandato contenido en la decisión de las precedentes y por ellas ratificado.

Parece claro, en una inicial aproximación, que las nuevas Cortes pueden desligarse de su origen y del mandato heredado mediante la simple operación de no ratificarlo. Pero, a partir de que tal ratificación se ha producido, aparecen otras variantes que se necesita analizar.

Para los supuestos de *restricción* del «principio» producidos cuando el texto definitivo haya hecho desaparecer determinados preceptos que deberían ser objeto de revisión o reforma, no parece arriesgado presumir que si las Cortes pueden no aprobar el texto porque no se alcance la mayoría constitucional exigida, también podrán eliminar del proyecto, a través del juego de las enmiendas, cuantos preceptos o posibles modificaciones estimen pertinentes. El núcleo más confuso surge con el cuestionamiento de si pueden *ampliar* el ámbito de la revisión a preceptos no afectados por el «principio» y que, como es obvio, no se encuentren afectados por conexión con la reforma propuesta. Desde luego, si las Cortes se consideran con plenitud de poder constituyente tal operación no ofrecería dificultad alguna: pero, en ese supuesto, ni siquiera habrían de someterse a las reglas impuestas por la Constitución a reformar. El caso es que se trata, por utilizar la denominación clásica, de un poder constituyente-constituido y su margen de actuación debe estar necesariamente limitado.

Por ello, la revisión constitucional se halla limitada en su punto de expansión por el principio que fue aprobado por las Cortes disueltas y ratificado por las nuevas Cortes, el cual contiene una tabla máxima (pero no mínima) de prescripciones que no pueden ser sobrepasadas. Cuestión diferente es que tales prescripciones sean más o menos abiertas o más o menos indicativas:

en este supuesto, estimamos, se habrá de estar a la interpretación concreta de sus postulados bajo el principio genérico que se acaba de apuntar.

Quedan, finalmente, una serie de aspectos teóricos que han acompañado siempre a las reflexiones sobre la reforma constitucional: el relativo a su naturaleza jurídica y, por tanto, el del cuestionamiento de si el Tribunal Constitucional puede conocer de tal reforma, en los que no podemos por ahora entrar, y el de los límites de la reforma constitucional que abordaremos a continuación.

Sin duda, el problema más clásico que ha sido tratado en materia de reforma constitucional es el referido a los posibles límites de la misma. Recordemos, no obstante, que según ha reiterado el profesor De Vega [77] la reforma se plantea como uno de los mecanismos de defensa de la Constitución. Como quiera que uno de los medios de garantizar el carácter de norma «suprema» de la Constitución es precisamente el dotarla de una cierta rigidez, de una cierta dificultad para que sea modificada, el procedimiento mismo de reforma se plantea además como una garantía de su permanencia. Pero, precisamente por ello, esa reforma debe tener unos límites implícitos o explícitos que impidan la pura y simple eliminación o ruptura de la Constitución. La reforma se sitúa así en el nudo de la tensión entre permanencia y adaptación-cambio del texto constitucional.

Como es sabido, las posturas tradicionales han estado enfrentadas: desde quienes defendían la imposibilidad de reforma de la Constitución (por ejemplo Schmitt que se basaba en su diferenciación entre Constitución y leyes constitucionales: éstas sí serían reformables, aquélla no) hasta quienes defendían lo contrario (la mayor parte de la doctrina francesa). De cualquier forma, por lo que respecta a nuestra Constitución, hay que afirmar que en ella no existen más límites explícitos a su reforma o revisión (por seguir utilizando su terminología) que el que contiene su artículo 169 sobre que

---

77. P. DE VEGA, «La reforma constitucional», p. 220, en la ob. colect. *Estudios sobre el proyecto de Constitución*, CEC, Madrid, 1978.

no podrá iniciarse la reforma constitucional en tiempo de guerra o de vigencia de alguno de los estados previstos en el art. 116 (es decir, los estados de alarma, excepción y sitio).

De ahí podría deducirse que existen dos únicos límites a la reforma o a la revisión de la Constitución: el no superar los trámites de rigidez que la acompañan, según las complicadas modalidades que ya hemos visto, y el que no se inicie tal tramitación cuando esté en vigencia alguno de los estados excepcionales (y, aun en este último caso se prohíbe iniciar el trámite pero desde luego no el continuarlo si ya se encuentra en funcionamiento). Que tales límites se dan es indudable, pero ¿hay otros?

Decía Jiménez Campo [78] que «revisar una Constitución sin cuestionarla en su totalidad impone límites lógico-sistemáticos (...) que se concretan en salvar en lo posible la sistematicidad del ordenamiento y su consistencia frente a posibles antinomias». Ello viene a indicar, en resumidas cuentas, que una reforma constitucional que, por un lado, introduzca modificaciones que vayan en contra de las partes que se dejan vigentes por jurídicamente incoherente no es jurídicamente posible; y, por otro —añade textualmente el mismo autor con acierto—, «políticamente parece claro que repugna a una política constitucional que se cuide de clarificar las opciones planteadas ante la colectividad el hecho, posible a partir del artículo 168, de que se levanten alternativas de revisión constitucional presentadas como «parciales» y que vayan encaminadas (en la materia, por ejemplo, de los derechos fundamentales y libertades públicas) a una radical transformación del régimen político diseñado por el texto fundamental».

Es indudable que, en ambos supuestos, el autor citado lleva razón. La dificultad reside en prever e interpretar el grado en que tales antinomias aparecen y el grado,

---

78. J. JIMÉNEZ CAMPO, «Algunos problemas de interpretación en torno al Título X de la Constitución», en *Rev. del Departamento de Derecho Político*, núm. 7, UNED, Madrid, otoño 1980, cit., p. 89. Véase también en este trabajo las consideraciones del autor sobre la competencia del Tribunal Constitucional en materia de reforma, pp. 92-93 y 100-103.

por tanto, en que invalidan (funcionan como límites de) la reforma constitucional.

Hay que dejar, no obstante, sentado el principio: el tercer gran límite que surge ante la reforma constitucional, aparte de los que señalábamos al principio, reside precisamente en el principio de *no contradicción* entre la parte nueva y la parte que sigue vigente.

Añadamos que se trata de un principio lógico de un lado y político de otro pero en ambas perspectivas debiera funcionar de la misma forma. Ocurre, pese a ello, que tal cosa es difícil: para que en la primera cobrara efectividad haría falta un instrumento concreto que permitiese detectar la contradicción y eliminarla (y es aquí donde se plantea el problema anunciado de la posible entrada del Tribunal Constitucional) y en la segunda no opera sino la decisión de las fuerzas en presencia que pueden mantener la letra (o algunas letras) de la Constitución y cambiar el régimen político (una cuestión que ya tratamos al hablar de la Ley para la Reforma Política). Por tanto, si el principio de limitación surge claro es la aplicación quien se plantea como más discutible.

Ahora bien, tanto en los supuestos anteriores de reforma y revisión parcial como en el que ahora trataremos de revisión total, se debe constatar, al menos, dos grandes cuestiones: 1.ª) En nuestro texto constitucional no existe ninguna cláusula de intangibilidad a diferencia de lo que sucede con la Ley Fundamental de Bonn, la Constitución italiana y la Constitución francesa de la V República. 2.ª) Aparecen, en cambio, preceptos concretos que por su contenido expreso pueden ser considerados como no reformables.

La primera afirmación es evidente: tal vez por el juego político que ofreció, a la hora de la reforma política, la calificación de los principios fundamentales del Movimiento como «permanentes e inalterables» no siguieron nuestros constituyentes el ejemplo europeo; tal vez porque declarar intangible la forma de Gobierno que en nuestro caso hubiera sido la monarquía —al contrario de lo que sucede en el ejemplo francés que consagra la república— no sólo hubiera sido difícil de aceptar por ellos mismos sino que tal vez tampoco hubiera beneficiado a la propia institución monárquica... El caso es que no hay reserva alguna de intangibilidad o inmodificabilidad constitucional expresa.

Ello no quiere decir que la revisión total de la Constitución pueda hacer tabla rasa con el anterior proyecto político. Por lo pronto, como indicaba el profesor De Vega, la reforma constitucional se produce exclusivamente dentro de los sistemas democráticos [79] con lo que cualquier revisión que se efectúe volverá a regular un sistema de ese tipo y deberá, por tanto, volver a recoger sus elementos esenciales: soberanía popular, pluralismo político, participación ciudadana y derechos fundamentales. Pero, además, según acabamos de indicar, hay preceptos que incluso se autoexpresan como «inviolables»: tal es el contenido en el artículo 10, que ya comentamos anteriormente (vid. supra, págs. 83-85), y que hace referencia a «los derechos inviolables que le son inherentes (a la persona humana)» (J. C., págs. 95-100), lo que no hace sino especificar esa afirmación genérica de la necesidad de mantenimiento del sistema democrático como límite —posiblemente único, al margen de los anteriormente apuntados— a la reforma o revisión constitucional que regula nuestra Constitución.

Pero las modificaciones de la Constitución no vienen ni sólo ni principalmente de la mano de los mecanismos de reforma. En más de una ocasión incluso se pueden dejar de utilizar tales mecanismos para que el afianzamiento del texto constitucional opere como elemento de legitimación del sistema político-social mientras se le somete o sufre diversas operaciones de adaptación que pueden ser de muy variado signo. Lo deseable, sin embargo, es que la Constitución vaya creciendo y variando de significado a través de su diaria aplicación, filtrada y activada por los diversos órganos que componen el entramado estatal y, especialmente, como hemos visto, por el Tribunal Constitucional. Tal es lo que en términos generales sucede con la nuestra. No faltan, sin embargo, elementos que pueden dar lugar a diversas manifestaciones de la llamada «mutación» constitucional. Quizás el más importante de estos elementos que pueden provocarla se encuentra en la plasmación de ese «poder

---

79. P. DE VEGA, ob. cit.

constituyente permanente» del que también hablaba el profesor De Vega, y que se contiene en las leyes orgánicas conformadoras, como vimos, del bloque de la constitucionalidad: teniendo en cuenta que el Tribunal Constitucional no conoce sino a través de recursos —por tanto, no conoce de oficio— la posible inconstitucionalidad de tales leyes, se da como perfectamente viable el que, a través de acuerdos políticos, más o menos fundamentales, se altere si no el contenido sí el propio sentido de la Constitución.

7. Partidos, proceso político y desarrollo constitucional

Introducción

En la parte anterior hemos procurado exponer las grandes líneas caracterizadas del sistema político español a través del diseño constitucional. Y hemos insistido en que sus previsiones no sólo enmarcan un cuadro de regulación jurídica sino que simultáneamente expresan un proyecto de organización política.

Sin embargo, tal diseño, proyecto o sistema, por su propia naturaleza normativa formalizada (precisamente porque se trata de una constitución) carecería de contenido real si no tuviéramos en cuenta una parte esencial del substrato orgánico que puede darle vida: *los partidos políticos.*

No es el momento de resaltar su trascendencia en cuanto sujeto principal de la acción política. Bástenos indicar que los partidos políticos han venido a infundir una especial naturaleza a las modernas democracias (tránsito de la democracia representativa a la democracia de ratificación)[80] y que, en las diversas modalidades de su intervención en la vida política, determinan en la

---

80. F. Rubio Llorente, «Relación entre Gobierno y las Cortes», conferencia pronunciada en el Club Siglo XXI de Madrid, el 10 de abril de 1978, en la obra *Constitución, Economía, Regiones,* publicada por dicho club, Madrid, 1978, vol. III, especialmente en pp. 57-67.

práctica la propia articulación real de cada régimen político.[81]

Tal incidencia, como es obvio, se manifiesta también en el caso español con sus connotaciones especiales:

a) Las derivadas de la compleja naturaleza del cambio de una dictadura a una democracia.

b) Las derivadas del papel que juegan dentro del actual proceso político.

Mas, por otro lado, el proceso político ha ido adquiriendo una serie de notas caracterizadoras en un esfuerzo desigual por crear un sistema de democracia representativa de corte continental.

Finalmente, en cuanto plasmación tanto de la realidad política partidista como de la dirección general adoptada por ese proceso también político, la Constitución ha ido adquiriendo un determinado desarrollo normativo y jurisprudencial que perfila con cierta claridad los marcos institucionales del sistema.

Estas tres líneas nos servirán de colofón con el único fin de dejar abiertas unas cuantas consideraciones que ayuden a enmarcar más adecuadamente nuestro sistema político con todo lo que de relativización eso puede tener pero también con todo lo que acercamiento a la realidad puede comportar.

Evolución de las fuerzas políticas

Al amparo del estatuto jurídico del Derecho de Asociaciones Políticas (12-I-75) y dentro de los cauces de la democracia orgánica se fueron constituyendo paulatinamente una serie de asociaciones (Unión del Pueblo Español, Reforma Social Española, Asociación Proverista, Frente Nacional Español, Frente Institucional y Asociación Nacional para el Estudio de los Problemas Actuales) que no lograron dar vida a las posibles pretensiones integradoras del mencionado estatuto.

A comienzos de 1976, tras la muerte del jefe del Estado y en el seno del mismo marco institucional ha-

---

81. Dentro de la producción última en España, véase las obras colectivas ya citadas *Teoría y práctica de los partidos políticos* y *Los partidos políticos en España*.

bían aparecido dos nuevas asociaciones: la Unión Nacional Española y la Unión Democrática Española. A la vez surgieron proyectos de constitución de algunas otras: Cambio Democrático, Acción Social Popular, Asociación Laborista, Alianza Popular de Izquierdas y Asociación Demócrata de Paz Social.

El ámbito oficial asociativo de carácter más o menos continuista, se veía ampliado por grupos de ideología abiertamente fascista con diversa incidencia en la vida política y social; los Grupos de Acción Sindicalista, el Partido Español Nacional Socialista, el Movimiento Social Español, el Círculo Español de Amigos de Europa, Falange Española Sindicalista, Frente de Estudiantes Nacional Sindicalista, Cruz Ibérica, Sociedad Cultural Covadonga, Guerrilleros de Cristo Rey, Hermandad Nacional del Maestrazgo y el primer embrión de partidarios de Blas Piñar articulados por entonces alrededor de la revista *Fuerza Nueva*.

Al margen de la regulación del citado estatuto y compuesta por personalidades provinentes de los sectores reformistas del propio régimen, se van creando agrupaciones, con naturaleza jurídica de sociedades anónimas en su mayor parte, que defienden unos puntos de transición política liberalizadora pero sin mantener posturas claras sobre la transformación en profundidad del sistema: la Federación de Estudios Independientes (FEDISA), el Gabinete de Orientación y Documentación, S. A. (GODSA), el grupo «Tácito» y Libra (esta última con pronunciamientos más abiertamente democráticos).

El cuadro de la *oposición política* se mostraba aún más complejo: partidos liberal-demócratas de carácter estatal o regionalista, entroncados en su mayor parte con la democracia cristiana (Partido Nacionalista Vasco, Unió Democràtica de Catalunya, Unió Democràtica del País Valencià, Federación Popular Demócrata e Izquierda Democrática) formaban un primer conglomerado de matiz y ámbito diverso pero unido en sus líneas ideológicas fundamentales por la propia herencia histórica de la que procedían; a continuación otra serie de grupos, con pretensiones socialdemócratas atenuadas, se disputaban un espacio político interno (Unión Social Demócrata Española, Partido Socialdemócrata Español, Partido Demócrata Popular, Partido Liberal Progresista, Agrupación Liberal Democrática y Agrupación Independiente); finalmente, en la izquierda de la oposición volvían a reproducirse los seccionamientos entre partidos de ámbito estatal, partidos de ámbito no estatal y programas de signo y contenido diferente: desde partidos regionalistas o nacionalistas de carácter genéricamente progresista (como el caso de Convergència Democràtica de Catalunya) hasta partidos también nacionalistas o regionalistas insertos en las diversas variables del campo socialista (Convergència Socialista de Catalunya, Reagrupament Democràtic, Alianza Socialista de Andalucía, Alianza Socialista de Galicia, Democracia Socialista Asturiana, Movimiento Socialista de Baleares, Partido Socialista Autonomista de Canarias, Partido Socialista de Aragón y Partido Socialista Gallego); y entre los de implantación estatal, el arco comprendía los partidos socialistas (Partido Socialista Popular y Partido Socialista Obrero Español), los partidos comunistas (Partido Comunista de España, Partido Comunista Obrero Español, Partido del Trabajo, Organización Revolucionaria de Trabajadores y Movimiento Comunista de España) y grupos situados en la extrema izquierda (Liga Comunista Revolucionaria, Liga Comunista, Frente Revolucionario Antifascista y Patriótico, etc.).

Esta rápida enumeración de los grupos políticos presentes en los comienzos del primer año de la transición política pone de relieve la fragmentación organizativa de la oposición, del reformismo institucional e, incluso, de los propios derivados e insertos en el sistema de la dictadura. Su característica común, con diferencias notables en su estructura, afiliación y programas, estribaba en la escasez de sus fuerzas respectivas: baja afiliación, escasa militancia y, en consecuencia, estrecho margen de maniobra.

Sin embargo, en el seno de la oposición, según mencionamos de pasada, se intenta superar este fraccionamiento mediante la formación de alianzas en torno a un programa común: la primera en constituirse fue la denominada Junta Democrática (julio de 1974) y posteriormente la Plataforma de Convergència Democràtica (julio de 1975).

Pese a los diversos sectores que integraban cada una de tales instancias unitarias, sus respectivos programas eran bastante similares: petición de amnistía, legalización de los partidos políticos, restablecimiento de los derechos y libertades, reconocimiento de las autonomías, convocatoria de elecciones libres. En suma, transformación del Estado dictatorial en Estado democrático.

Ambas organizaciones se funden finalmente el 26 de marzo de 1976 en la llamada Coordinación Democrática, a la que se adhieren prácticamente todos los grupos de la oposición: comunistas, socialistas, socialdemócratas, demócrata-cristianos, carlistas y sindicatos ilegales.

El proceso de legalización de los partidos a que ya hicimos referencia en la primera parte y que se desenvuelve en los primeros meses de 1977 (tras la reforma del estatuto en febrero de dicho año) ofrece un primer balance desconcertante en apariencia: quedan inscritos más de doscientos grupos, sin contar los grupos de extrema izquierda que no fueron legalizados.

Pero es precisamente en estos cortos meses cuando se acaban de perfilar algunos de los rasgos fundamentales del sistema de partidos del «presistema» (según dejamos dicho) que se implantaría tras las primeras elecciones generales.

Por un lado, se va afirmando un bloque socialista que bajo la hegemonía del PSOE intenta desplazar los distintos grupos sectoriales de similar ideología. Pese a la permanencia del PSP, y tras los acuerdos con el Partido de los Socialistas de Cataluña (PSC), el PSOE aparece como la gran fuerza integradora de la tendencia socialista. Por otro, se desarrolla una amplia campaña de unificación de las diversas corrientes «reformistas», dirigida y capitalizada por el propio gobierno y especialmente por su presidente, que desembocará en la formación de una amplia coalición electoral entre un elevado número de grupos (y en ocasiones sólo de siglas) con el nombre de Unión de Centro Democrático. En tercer lugar, la alternativa de una vía democrático-parlamentaria para el comunismo protagonizada por el PCE-PSUC concede a estas formaciones un lugar decisivo de las tendencias comunistas. El continuismo franquista es absorbido casi en su totalidad por Alianza Popular que, no obstante, acepta las reglas del juego parlamentario. Por último, los partidos nacionalistas (Convergència Democràtica de Catalunya, Partido Nacionalista Vasco y Partido Socialista Andaluz, principalmente) cierran el marco de las grandes tendencias que van a entrar en liza con motivo de la contienda electoral.

De ahí que las primeras elecciones generales impusieran una primera y espectacular criba tanto por la disminución del número de partidos que compitieron como por los resultados electorales que siguieron a las mismas: de las treinta y algo de candidaturas presentadas (sumando las del Congreso y las del Senado) sólo dieciocho de las mismas obtuvieron representación, y dentro de ellas un escaso número de partidos: la propia UCD (ganadora) todavía no era un partido sino una coalición; le siguió el PSOE, y a distancia el PCE-PSUC, Alianza Popular (que también se presentaba como coalición), el Partido Nacionalista Vasco, el PSP y Convergència Democràtica de Catalunya (igualmente coalición bajo el nombre de Pacte Democràtic per Catalunya).

Con las segundas elecciones generales, el cuadro electoral cambia, si no de manera significativa, sí al menos en una serie de elementos de importancia. El período transcurrido hasta el 1 de marzo de 1979 en que dichas elecciones se celebran, tras la aprobación de la Constitución y la experiencia habida con el primer desarrollo democrático, sirve para modificar relativamente la relación entre las distintas fuerzas políticas: por un lado, se reafirman los principales partidos políticos de ámbito estatal en tres de las grandes opciones (UCD —ya como partido político—, PSOE y PCE-PSUC) mientras que el conglomerado compuesto en torno a Alianza Popular con el nombre de Coalición Democrática disminuye drásticamente en el número de escaños obtenidos; paralelamente se aprecia un aumento claro de la opción política fascista más ligada a los aparatos del anterior régimen bajo la hegemonía de Fuerza Nueva; y, sobre todo, se produce un auge de enorme trascendencia de los partidos nacionalistas radicales o de las coaliciones en las que los mismos se integran (PSA, en Andalucía, y Herri Batasuna, en el País Vasco).

Las terceras elecciones generales de 28 de octubre

de 1982 vuelven a suponer una modificación de las fuerzas electorales de los partidos. Destaca por sus resultados la derrota del partido gubernamental (UCD) que desaparece del mapa político y finalmente se autodisuelve. Cae también el Partido Socialista Andaluz que tanto éxito había obtenido en las anteriores elecciones generales. Desciende a menos de la mitad el porcentaje electoral del PCE-PSUC y a 1/5 su representación parlamentaria. Hay una serie de partidos o grupos que se mantienen y aumentan algo los porcentajes anteriores: los dos grandes partidos nacionalistas vascos y catalán (PNV y C. i U., respectivamente). Y, por último, emergen como partidos centrales, el PSOE, que obtiene la mayoría absoluta de diputados y senadores, y Alianza Popular situada (en coalición con un partido de reciente creación —el Partido Demócrata Popular—) como el gran partido de la derecha y principal alternativa de este signo de la oposición al partido gobernante.

Por otro lado, estas últimas elecciones han supuesto un alza significativa en la participación electoral, con todo lo que de respaldo y legitimación del nuevo sistema democrático lleva consigo. Esto, además de los resultados a que acabamos de hacer referencia, por un lado expresa un sistema de partidos que siguen reflejando un pluripartidismo con tendencia bipolar al que aludíamos en la anterior edición [82] y, por otro, una cierta clarificación de tendencias. Tendencias que, no obstante, no ofrecen una naturaleza de estabilidad segura, por razones muy diversas: la relación entre partidos y electorado sufre oscilaciones bastante bruscas; el propio lugar de los diversos partidos dentro del sistema marca también desplazamientos en función inversa a la aceptación electoral; persiste, en este último aspecto, un componente no resuelto en las expectativas autonómicas que sitúan a determinadas fuerzas en un relativo juego antisistema y a otras claramente fuera de él; y todo ello, aparte de otros factores que iremos viendo, presenta este panora-

---

82. RAMÍREZ JIMÉNEZ habla de «pluripartidismo limitado y moderado» y «configuración bipolar de opciones y con competencia centrípeta», en «El sistema de partidos en España tras las elecciones de 1982», REP, núm. 30, 1982, p. 14.

ma aún escasamente definido pero sin duda suficientemente delimitado en sus rasgos básicos.

Finalmente, la propia estructura de autonomías, conformada por nuestra Constitución, ha ido favoreciendo una serie de subsistemas de partidos propios de algunas Comunidades Autónomas que, por un lado, no responden en su tendencia de voto de manera igual en los diversos tipos de elección. El caso del País Vasco y Cataluña ponen de relieve cómo en las elecciones autonómicas predominan los partidos nacionalistas mientras en las generales se propende más a la votación de las opciones centrales, sin que ni una ni otra se reproduzcan en las elecciones municipales. Este hecho es interesante no sólo porque marca diferentes instancias de actuación de los partidos según los ámbitos de Gobierno sino sobre todo porque esa variedad de elecciones parece ser asumida por los ciudadanos como respondiendo a posibilidades de incidencia diversa; se produce así curiosamente una cierta especialización de los partidos por frentes o bloques de asuntos que en buena parte confirma la apreciación del profesor Ramírez sobre el reforzamiento de la tendencia de voto en función de programas y experiencias.[83]

Algunos caracteres del proceso político

Si algo se puede decir del proceso de creación del sistema democrático español, aparte de su innegable complejidad, es el de constituir una síntesis contradictoria de una enorme variedad de elementos. De entre ellos destaca la presencia activa del aparato estatal como un sujeto básico de su propia transformación y anti-transformación. Mientras el conjunto de clases y sectores sociales ha propiciado amplísimamente el cambio político, en el seno del Estado se ha ido enfrentando una variedad de opciones entre las que ha destacado (y aún destaca) la de oposición al sistema en sí mismo.

En la anterior edición de este trabajo terminábamos sus líneas advirtiendo que las resistencias institucionales al nuevo sistema democrático hacían temer por su con-

---

83. M. Ramírez, *op. cit.*, p. 12.

tinuidad. No se requería para efectuar tal afirmación excesivas dotes proféticas: el veintitrés de febrero de 1981, como es más que sabido, emergía un golpe de Estado militar, con todos los componentes del levantamiento clásico, que finalmente no prosperó. No era el primer intento ni ha sido el último: todavía hoy se diligencia, ante una opinión pública que instintivamente mira hacia otro lado, el sumario por otro proyecto de parecido tipo que no logró pasar de la fase de preparación. Existe, sin duda, un interés político consciente en no otorgar a tales hechos una importancia que pudiera ser traumática para la buena conciencia democrática del poder y para la que se pretende compartan los ciudadanos. Pero son hechos que ahí están y cuyo recordatorio, como indicaba Adorno, significa que el simple no olvidar supone un cierto distanciamiento respecto del presente y un momento de su crítica.

Pero son también doblemente significativos: permiten entender que el constitucionalismo democrático si quiere sobrepasar su condición de mera técnica de ejercicio del poder ha de funcionar no sólo como una articulación normativa sino también como un proyecto de convivencia política, desigual, conflictual pero activamente compartida por el conjunto social. Por eso, la «fórmula política» de la Constitución, de que gusta hablar Lucas Verdú, puede tener muy diversos desarrollos.

Y desde un punto de vista moderadamente crítico, aun a sabiendas de las dificultades que ha ido atravesando y atraviesa aún el proceso, destaca la progresiva asunción «schumpeteriana» de la democracia como sistema competitivo de selección de élites.

De todas formas, el proceso ha ido consiguiendo una mayor estabilidad y «normalidad» en el funcionamiento político. Y dentro de ello hay que destacar, como novedad más importante, el triunfo electoral del PSOE que ha supuesto, en términos generales, la aparición de una clase política de reciente creación, abastecida en buena parte por miembros jóvenes de profesiones liberales y universitarias y sectores funcionariales que han servido de infraestructura a la opción política triunfante.

En la gestión del poder político se ha asentado la ideología de su profesionalización y su propia utilización como aparato, con el consiguiente mantenimiento de la distancia entre dinámica social y proceso político. La concepción del Estado como gestor de los intereses públicos, el entendimiento de la autoridad como instrumento de un bien común, interpretado por las propias élites dirigentes, continúa una tendencia muy asentada en la práctica política española que mira con desconfianza los movimientos sociales que no se hallen canalizados por las propias instituciones. Cobra por eso, en este campo, una importancia especial la observación que efectuaba el profesor C. de Cabo y que sigue vigente: «Se está produciendo —decía— un progresivo avance de la desmovilización política, en definitiva un abandono y hasta una valoración negativa de la política y de lo político, que crea las condiciones para la puesta en marcha de un ingrediente ideológico típico de la situación bonapartista: el del pragmatismo, la sustitución de la política por la Administración, la prevalencia del poder decisional sobre la búsqueda racional y deliberante de soluciones, es decir, de la legitimación por la eficacia».[84]

Esta tecnificación del poder, como elemento tendencial, va configurando el sistema político en un esfuerzo de importación del modelo genérico europeo, y especialmente del francés y alemán. En el mismo sentido van dirigidas las políticas destinadas a crear dos opciones electorales únicas para el ejercicio del poder central que, en cambio, se ven acompañadas en determinadas esferas regionales por opciones autonomistas, algunas hegemónicas en ese ámbito (lo que no deja de introducir un elemento de inestabilidad en el propio conjunto del sistema). Y parecida significación posee también el intento de clarificar la estructura territorial del poder político bajo el impulso, dirección y control del poder central.[85]

En términos amplios, predomina, pues, una amplia gama de esfuerzos por una determinada «moderniza-

---

[84]. C. DE CABO MARTÍN, «Aproximación teórica al momento político y jurídico español», *REP*, núm. 20, 1981, p. 41.
[85]. No se menciona la Ley Orgánica de Ordenación del Proceso Autonómico (por lo demás tan confirmadora de estas observaciones) por estar sometida a recurso previo de inconstitucionalidad y no conocerse aún —al escribir estas líneas— el resultado de la sentencia.

ción», en cuanto concepto clave que, con diversa cadencia, ha estado presente en la implantación y desarrollo del sistema político democrático que en la actualidad se ve matizado por un cierto «regeneracionismo» simbólico.

Mas el cambio político se está efectuando en condiciones especialmente difíciles: el agravamiento de la dependencia internacional, la crisis económica estructural del capitalismo, el paro obrero que va alcanzando la cifra de los dos millones y medio de personas en esa situación, el reforzamiento corporativo de la burocracia estatal frente a las posibles modificaciones, el terrorismo como factor permanente de desestabilización política. Todo esto, además de las propias insuficiencias y contradicciones de las fuerzas políticas que han dirigido el proceso, marca ese carácter desigual de dicho cambio político [86] que ha afectado de forma muy distinta a las diversas instituciones estatales e incluso a los propios partidos políticos en cuanto participantes en esa transformación.

En ese último sentido, las crisis internas de muchas organizaciones políticas han ido al compás de la propia indefinición o clarificación del funcionamiento estatal. En cuanto a éste, sectores fundamentales de su propio conjunto institucional o son inmunes a las transformaciones o, más simplemente, no han sido afectados por el propio cambio político.

Y pese a todo, la Constitución se ha ido desarrollando con ese sentido desigual al que acabamos de aludir. En líneas generales, la Administración y su régimen de funcionamiento siguen inmodificados; el ejército conserva su tradicional estructura; la judicatura ha puesto en práctica el principio de autogobierno mediante la creación del Consejo General del Poder Judicial, pero su funcionamiento sigue incambiado. Ha habido, en cambio, un importante desarrollo normativo e institucional de la Constitución y a ello pasamos a aludir inmediatamente.

86. J. Solé Tura, «Cambio político y aparatos de Estado», en la ob. colec. *Estructura social y cambio político en España*, ed. J. Cazorla, Universidad de Granada, 1982, pp. 151-167.

El desarrollo de la Constitución

En materia de derecho y libertades, la labor fundamental ha estado a cargo del Tribunal Constitucional, materia en la que ahora no podemos entrar. Es escaso, en cambio, el desarrollo normativo posterior a la Constitución: aparte de la Ley Orgánica del Tribunal Constitucional, ya comentada, nos encontramos con la Ley General Penitenciaria de 26 de septiembre de 1979, de tan magros resultados por el momento, las diversas reformas del Código Penal de carácter parcial e incompleto (dos del año 80, una del 81 y la última de junio de 1983), la Ley Orgánica del Defensor del Pueblo (institución de incierto futuro), la Ley Orgánica de libertad religiosa de 5 de julio de 1980, la Ley Orgánica sobre el derecho al honor, a la intimidad personal y familiar y a la propia imagen, desde 5 de mayo de 1982, la controvertida Ley Orgánica de Centros Escolares de 19 de junio de 1980 que fue objeto de recurso ante el Tribunal Constitucional y, por último, la que regula el derecho de reunión de 15 de julio de 1983. Existen otros varios proyectos y proposiciones, pero la relación es suficiente para comprobar el escaso desarrollo normativo de los derechos políticos cuando ya han pasado cinco años desde la promulgación constitucional.

En materia de derechos de ámbito social (que no coinciden con los propios del Estado social, cuyo tratamiento ya realizamos) adquiere particular relieve la también conflictiva Ley del divorcio (que se plantea como una modificación del Código civil, «que modifica la regulación del matrimonio y determina el procedimiento a seguir en las causas de nulidad, separación y divorcio») de 7 de julio de 1981 y, especialmente, la Ley que regula el «Estatuto de los Trabajadores» de 10 de marzo de 1980 con lo que posee de nueva regulación del contrato laboral y de las actividades representativas dentro de la empresa. Fuera de todo ello, el entramado normativo ha seguido funcionando con arreglo a las disposiciones anteriores a la Constitución, interpretadas, caso por caso (lo que viene a decir que con efectos bastante limitados) por las distintas instancias de la jurisdicción ordinaria o constitucional.

Sin duda el núcleo del desarrollo constitucional se encuentra en las distintas normas institucionales. Ya hemos citado los reglamentos definitivos del Congreso y del Senado y la creación del Tribunal Constitucional y el Defensor del Pueblo. Pero se han regulado también órganos de nuevo sentido constitucional como el Consejo de Estado (de 22 de abril de 1980), el Tribunal de Cuentas (de 12 de mayo de 1982) y el Consejo General del Poder Judicial ya mencionado (de 10 de enero de 1980). Las ausencias notables también aparecen: la legislación electoral, salvo la escasa, confusa y modificada legislación sobre el referéndum, es anterior a la Constitución; las Corporaciones locales siguen prácticamente huérfanas de regulación postconstitucional; la Administración del Estado continúa bajo la antigua legislación (Ley de Funcionarios de 1974, Ley de la Jurisdicción Contencioso-Administrativa de 1956, Ley de Procedimiento Administrativo de 1958 y, por citar también, Ley de Expropiación Forzosa de 1954, etc.).

El resultado, en definitiva, pone de relieve la subsistencia de la transición, el proceso escasamente acabado, el proyecto constitucional aún incompleto. Tal vez, la necesidad política, por más acuciante antes relativamente acabada, haya sido el de la aprobación de todos los Estatutos de Autonomía y con ello la finalización del mapa autonómico en una especie de carrera contra reloj cuya adecuada articulación se encuentra aún por efectuar.

APÉNDICE

A. — Composición de los Gobiernos de la Monarquía

I. — *Gobierno de Arias Navarro* (diciembre 1975)

Presidente: Carlos Arias Navarro; *Vicepresidente primero para Asuntos de la Defensa y Ministro sin cartera:* Fernando de Santiago y Díaz de Mendíbil; *Vicepresidente segundo y Ministro de la Gobernación:* Manuel Fraga Iribarne; *Vicepresidente tercero y Ministro de Hacienda:* Juan M. Villar Mir; *Asuntos exteriores:* José M.ª de Areilza; *Ejército:* Félix Álvarez Arenas; *Marina:* Gabriel Pita da Veiga; *Aire:* Carlos Franco Iribarnegaray; *Educación y Ciencia:* Carlos Robles Piquer; *Justicia:* Antonio Garrigues; *Información y Turismo:* Adolfo Martín Gamero; *Secretaría General del Movimiento:* Adolfo Suárez González; *Obras Públicas:* Antonio Valdés; *Comercio:* Leopoldo Calvo Sotelo; *Presidencia:* Alfonso Osorio; *Vivienda:* Francisco Lozano; *Agricultura:* Virgilio Oñate; *Trabajo:* José Solís; *Industria:* Carlos Pérez de Bricio; *Relaciones sindicales:* Rodolfo Martín Villa.

II. — *Gobiernos de Suárez:*

1.º — (julio 1976)

Presidente: Adolfo Suárez González; *Vicepresidente primero para Asuntos de la Defensa y Ministro sin cartera:* Fernando de Santiago y Díaz de Mendíbil; *Vicepresidente segundo y Ministro de la Presidencia:* Alfonso Osorio García; *Asuntos Exteriores:* Marcelino Oreja Aguirre; *Ejército:* Félix Álvarez Arenas; *Marina:* Gabriel Pita da Veiga; *Aire:* Carlos Franco Iribarnegaray; *Hacienda:* Eduardo Carriles Galarraga; *Gobernación:* Rodolfo Martín Villa; *Obras Públicas:* Leopoldo Calvo Sotelo; *Educación y Ciencia:* Aurelio Menéndez-Menéndez; *Trabajo:* Álvaro Rengifo Calderón; *Industria:* Carlos Pérez de Bricio; *Agricultura:* Fernando Abril Martorell; *Secretaría General del Movimiento:* Ignacio García López; *Comercio:* José Lladó; *Información y Turismo:* Andrés Reguera Guajardo; *Vivienda:* Francisco Lozano Vicente; *Relaciones sindicales:* Enrique de la Mata Gorostizaga.

2.º — (julio 1977)

Presidente: Adolfo Suárez González; *Defensa:* Manuel Gutiérrez Mellado; *Hacienda:* Francisco Fernández Ordóñez; *Interior:* Rodolfo Martín Villa; *Obras Públicas y Urbanismo:* Joaquín Garrigues Walker; *Educación y Ciencia:* Íñigo Cavero; *Trabajo:* Manuel Jiménez de Parga; *Industria y Energía:* Alberto Oliart; *Agricultura:* José Enrique Martínez Genique; *Presidencia:* Manuel Otero Novas; *Economía:* Enrique Fuentes Quintana; *Transportes y Comunicaciones:* José Lladó Fernández-Urrutia; *Sanidad y Seguridad Social:* Enrique Sánchez de León; *Ministro adjunto para las Regiones,* sin cartera: Manuel Clavero Arévalo; *Cultura y Bienestar:* Pío Cabanillas; *Ministro Adjunto para las relaciones con las Cortes,* sin cartera: Ignacio Camuñas.

3.º — (abril 1979)

Presidente: Adolfo Suárez González; *Vicepresidente primero para Asuntos económicos:* Fernando Abril Martorell; *Vicepresidente segundo para Asuntos de la Defensa y Seguridad del Estado:* Manuel Gutiérrez Mellado; *Asuntos Exteriores:* Marcelino Oreja Aguirre; *Justicia:* Íñigo Cavero; *Defensa:* Agustín Rodríguez Sahagún; *Hacienda:* Jaime García Añoveros; *Interior:* Antonio Ibáñez Freire; *Obras Públicas y Urbanismo:* Jesús Sancho Rof; *Educación:* José Manuel Otero Novas; *Trabajo:* Rafael Calvo Ortega; *Industria y Energía:* Carlos Bustelo; *Agricultura:* Jaime Lamo de Espinosa; *Comercio y Turismo:* Juan Antonio García Díez; *Presidencia:* José Pedro Pérez Llorca; *Economía:* José Luis Leal; *Transportes y Comunicaciones:* Salvador Sánchez Terán; *Sanidad y Seguridad Social:* Juan Rovira Tarazona; *Cultura:* Manuel Clavero Arévalo; *Universidades e Investigación:* Luis González-Seara; *Ministro adjunto al Presidente,* sin cartera: Joaquín Garrigues Walker; *Relaciones con las Comunidades Europeas,* sin cartera: Leopoldo Calvo Sotelo; *Relaciones con las Cortes,* sin cartera: Rafael Arias-Salgado; *Administración Territorial:* Antonio Fontán Pérez.

III. — *Gobierno de Calvo Sotelo* (febrero de 1981)

Presidente: Leopoldo Calvo Sotelo; *Asuntos Exteriores:* José Pedro Pérez Llorca; *Justicia:* Francisco Fernández Ordóñez; *Defensa:* Albert Oliart Saussol; *Hacienda:* Jaime García Añoveros; *Interior:* Juan José Rosón Pérez; *Obras Públicas y Urbanismo:* Luis Ortiz González; *Educación, Universidades e Investigación:* Juan Antonio Ortega y Díaz Ambrona; *Trabajo, Sanidad y Seguridad Social:* Jesús Sancho Rof; *Industria y Energía:* Ignacio Bayón Mariné; *Agricultura:* Jaime Lamo de Espinosa y Michels de Champourcin; *Economía y Comercio:* Juan Antonio García Díez; *Presidencia:* Pío Cabanillas Gallas; *Transportes y Comunicaciones:* José Luis Álvarez Álvarez; *Administración Territorial:* Rodolfo Martín Villa; *Cultura:* Íñigo Cavero Lataillade.

IV. — *Gobierno de Felipe González* (diciembre de 1982)

Presidente: Felipe González Márquez; *Vicepresidente:* Alfonso Guerra González; *Asuntos exteriores:* Fernando Morán López; *Justicia:* Fernando Ledesma Bartret; *Defensa:* Narciso Serra Serra; *Economía, Comercio y Hacienda:* Miguel Boyer Salvador; *Interior:* José Barrionuevo Peña; *Obras Públicas y Urbanismo:* Julián Campo Sainz de Rozas; *Educación y Ciencia*: José María Maravall Herrero; *Trabajo y Seguridad Social:* Joaquín Almunia Amann; *Industria y Energía:* Carlos Solchaga Catalán; *Agricultura, Pesca y Alimentación:* Carlos Romero Herrera; *Presidencia:* Javier Moscoso del Pardo y Muñoz; *Transporte, Turismo y Comunicaciones:* Enrique Barón Crespo; *Cultura:* Javier Solana Madariaga; *Administración Territorial:* Tomás de la Quadra Salcedo Fernández del Castillo; *Sanidad y Consumo:* Ernesto Lluch Martín.

B. — RESULTADOS DE LOS REFERÉNDUMS

	Censo	Sí	No	Votos Nulos o en blanco	Votantes %	Abstención %
I) Ley para la Reforma Política. (15-XII-76) (1)	22.114.042	16.593.617	453.617	567.018	77,4	22,6
II) Constitución (6-XII-78)	26.632.180	15.706.078	1.400.505	765.608	67,11	32,88

1. FUENTE: «La Reforma Política. Documento», *Instituto de Estudios Políticos*, mayo de 1977.

C. — CRONOLOGÍA DEL PROCESO CONSTITUYENTE

	Ponencia (1)	Comisión const. del Congreso (2)	Pleno del Congreso	Comisión const. del Senado (3)	Pleno del Senado	Comisión mixta Congreso-Senado (4)	Pleno Congreso-Senado	Referéndum (5)
Inicio trabajos	22-VIII-77	5-V-78	4-VII-78	9-VIII-78	25-IX-78	16-X-78	31-X-78	6-XII-78
Aprobación del texto		20-VI-78	21-VII-78	14-IX-78	5-X-78	26-X-78	31-X-78	
Publicación	5-I-78 17-IV-78 (6)	1-VII-78	24-VII-78	6-X-78	13-X-78	28-X-78	6-IX-78	29-XII-78 (BOE)

(1) 7 miembros: 3 UCD; 1 PSOE; 1 Minoría vasco-catalana; 1 PCE-PSUC; 1 AP.
(2) 36 » : 17 UCD; 13 PSOE; 2 PCE; 2 AP; 1 Minoría Catalana; 1 PNV.
(3) 25 » : 12 UCD; 5 PSOE; 2 «Entesa dels catalans»; 2 grupo «progresista»; 2 independientes; 1 vasco; 1 grupo mixto.
(4) 11 » : 7 diputados (3 UCD; 1 PSOE; 1 PCE; 1 Minoría catalana; el presidente de las Cortes) y 4 senadores (2 UCD y 2 PSOE).
(5) La sanción real a la Constitución se efectuó el día 27 de diciembre de 1978.
(6) Hubo dos anteproyectos: el 1 de enero y el definitivo de abril.

D. — Los procesos electorales *

LAS ELECCIONES DEL 15 DE JUNIO DE 1977

1. — *Antecedentes:* Decreto-ley 18 de marzo de 1977 sobre normas electorales; proceso de legalización de los partidos políticos: no legalización del P. Carlista y de los situados a la «izquierda del PCE-PSUC», junto con nacionalistas radicales o republicanos (ERC).

2. — *Partidos y/o coaliciones concurrentes en el ámbito estatal* (a partir de su presencia en más de 20 distritos electorales en el Congreso):
Alianza Nacional 18 de Julio.
FE de las JONS (auténtica).
Alianza Popular-Convivencia Catalana.
Reforma Social Española.
Alianza Socialista Democrática.
Unión de Centro Democrático.
Federación Demócrata Cristiana.
PSOE-Socialistes de Catalunya.
Unidad Socialista (PSP-FPS).
PCE-PSUC.
Frente Democrático de Izquierda.
Candidaturas de trabajadores (ORT).

Total: 12

Obtienen representación parlamentaria:
UCD	165	diputados
PSOE-PSC	118	»
PCE-PSUC	20	»
AP	16	»
US	6	»
Total:	325	»

92,8 por ciento del total, pertenecientes a cinco partidos o coaliciones. Los dos primeros partidos obtienen el 80 por ciento de la representación parlamentaria, con el 64 por ciento de los sufragios.

* Datos elaborados por Joaquim M.ª Molins, profesor de la Universidad de Barcelona y miembro del Equip de Sociologia Electoral (julio 1983).

3. — *Partidos y/o coaliciones sólo concurrentes en el ámbito del País Vasco y Catalunya* (se presenta! en al menos la mitad de distritos):
Democracia Cristiana Vasca.
Partido Socialista Vasco (ESB).
Acción Nacionalista Vasca.
Euzkadiko Ezquerra.
Partido Nacionalista Vasco.
Pacte Democràtic per Catalunya.
Unió del Centre i la Democràcia CC.
Esquerra de Catalunya.
Lliga de Catalunya.

TOTAL: 9

Obtienen representación parlamentaria:
Pacte Democràtic per Catalunya	11	diputados
Partido Nacionalista Vasco	8	»
Unió del Centre i la Democràcia CC	2	»
Euzkadiko Ezquerra	1	»
Esquerra de Catalunya	1	»
TOTAL:	23	»

6,6 por ciento del total pertenecientes a cinco partidos y/o coaliciones.

4. — *Partidos y/o coaliciones concurrentes en un solo distrito* (o en varios sin alcanzar los requisitos de los apartados 2 y 3).
Total de candidaturas: 53
Obtienen representación parlamentaria:
Candidatura Aragonesa independiente: 1 escaño.
Candidatura independiente de centro (Castellón): 1 escaño.

5. — *Resultados globales para el Congreso de los Diputados:*[1]

Censo electoral	23.601.241	
Votantes	18.640.354	79,0 %
UCD	6.220.889	34,7 %
PSOE-PSC	5.240.464	29,2 %
PCE-PSUC	1.655.744	9,2 %
AP	1.494.693	8,3 %
PSP-US	799.376	4,5 %
Pacte Democràtic per Catal.	498.744	2,8 %
PNV	286.540	1,6 %
UCD-CC	167.654	0,9 %
Esquerra de Catalunya	134.953	0,7 %
EE	58.377	0,3 %
Cand. Aragonesa Ind.	37.641	0,2 %
Cand. Ind. de Centro	30.107	0,1 %
FDC	219.928	1,2 %
AN 18-julio	64.559	0,4 %
Otros	1.008.362	5,6 %

TOTAL: 92,5 %

1. La normativa electoral vigente no obliga a publicar los resultados oficiales de las elecciones y en el caso de las elecciones del 15 de junio de 1977, tales datos oficiales no se han publicado. En ello está el origen de que la mayoría de los trabajos aparecidos al respecto ofrezcan resultados diferentes. Para el presente hemos utilizado dos que ofrecen altas garantías de fiabilidad: el de J. I. Cases, «Elecciones del 15-VI-77» (*REP* n.º 1 de 1978) y el de J. A. Carmona, «La base sociológica de las elecciones de 15-J» *Informaciones*, 14-I-1978). En el primero, los resultados provienen, de una parte, de las cifras proporcionadas por las Juntas Electorales en relación a la subvención por escaño y voto obtenido y, por otra, de los resultados facilitados por el Ministerio del Interior. En el segundo trabajo, no se cita la fuente de procedencia pero incluye para el Congreso de los Diputados los votos obtenidos por la totalidad de las candidaturas presentadas. Entre ambos, el margen de diferencia apreciable es de un ± 0'2 %.

6. — *Resultados globales para el Senado*[2]

Conocido el sistema electoral aplicable a la Cámara Alta, la Federación Demócrata-Cristiana y la mayoría de los partidos de izquierda establecieron una serie de coaliciones, pero no con carácter homogéneo: tenía como base un acuerdo entre PSOE y PCE con apoyo de independientes, del PSP-US y en algún caso de la Federación Demócrata-Cristiana. El acuerdo tampoco fue general, ya que el PSOE presentó candidaturas propias en diversas circunscripciones. Por otra parte, tanto UCD como AP presentaron sus propios candidatos en la mayoría de las circunscripciones.

UCD	106
PSOE	35
AP	2
PSP-US[3]	2
Entesa dels catalans	12
Democracia i Catalunya	2
Frente Autonómico (P. Vasco)	10
Candidaturas «Senado Democrático»[4]	31
C. Aragonesa de Centro	1
Independientes de Soria	4
Independiente de Barcelona	1
Euzkadiko Ezquerra	1
TOTAL:	207

2. No es posible establecer el número de votos obtenido por cada partido o coalición: en el trabajo de J. I. Cases antes mencionado sólo figuran los votos en el caso de haber obtenido escaño y, al efectuar la suma aritmética de los votos de cada candidatura, ésta sólo es válida a los efectos de calcular la subvención correspondiente a cada partido, pero no a los de calibrar sus resultados globales en comparación con los obtenidos en el Congreso.
3. Se trata de dos candidatos elegidos en Madrid y Alicante con el apoyo del PCE y en competencia con la candidatura completa de lo que hemos llamado «Senado democrático».
4. Los elegidos pertenecen a las candidaturas de Madrid, Badajoz, Málaga, Oviedo, Zaragoza, Granada, La Coruña, Pontevedra, Murcia, Santander, Almería, Logroño, Burgos, Salamanca, León, Cádiz y Fuerteventura.

LAS ELECCIONES DEL 1 DE MARZO DE 1979

1. — *Antecedentes:*
   — La misma ley electoral que el 15-J, incluida normativa complementaria (acceso medios de comunicación).
   — Legalización de la casi totalidad de partidos políticos.
   — Desaparición de grupos políticos (FDC, PSP) y nuevas alianzas (CD).
   — Presencia de partidos de extrema izquierda.
   — Mayor presencia de partidos nacionalistas-autonomistas.

2. — *Partidos y/o coaliciones concurrentes en el ámbito estatal* (a partir de su presencia en 20 distritos electorales en el Congreso):
   Unión Nacional
   FE de las JONS (aut.)
   Coalición Democrática
   UCD
   P. Carlista
   Izquierda Republicana
   PSOE (h)
   PSOE-PSC
   PCE-PSUC
   ORT (Organización Revolucionaria de los Trabajadores)
   PTE (Partido del Trabajo de España)
   MC-OIC (Movimiento Comunista-Organización de Izquierda Comunista)
   LCR (Liga Comunista Revolucionaria)
   PCT (Partido Comunista de los Trabajadores)
   OCE-BR (Organización Comunista de España-Bandera Roja)

   Total: 15

   Obtienen representación parlamentaria:
UCD	168 diputados
PSOE-PSC	121 »
PCE-PSUC	23 »
CD (Coalición Democrática)	9 »
UN (Unión Nacional)	1 »
Total:	322 diputados

92 por ciento del total, pertenecientes a cinco partidos
y/o coaliciones. Los dos primeros partidos obtienen el
82,6 por ciento de la representación parlamentaria (a
nivel de voto popular obtienen el 64,3 por ciento de
los sufragios).

3. — *Partidos y/o coaliciones concurrentes en el ámbito de
nacionalidad o región* (se presentan al menos en la mitad de distritos de su ámbito territorial):

País Vasco
PNV
HB (Herri Batasuna)
EE (Euzkadiko Ezquerra)

TOTAL: 3

Catalunya
CiU (Convergència i Unió)
ERC-FNC (Esquerra Republicana de Catalunya-Front Nacional de Catalunya)
BEAN (Bloc d'Esquerres d'Alliberament Nacional)

TOTAL: 3

Galicia
BNPG
UG (Unidade Galega)

TOTAL: 2

Canarias
UPC (Unión del Pueblo Canario)

TOTAL: 1

Andalucía
PSA-PA (Partido Socialista de Andalucía-Partido Andaluz)

TOTAL: 1

Obtienen representación parlamentaria:

Convergència i Unió	8	diputados
PNV	7	»
PSA-PA	5	»
HB	3	»
ERC-FNC	1	»
EE	1	»
UPC	1	»
TOTAL:	26	diputados

7,4 por ciento del total de diputados pertenecientes a siete partidos y/o coaliciones.

4. — *Partidos y/o coaliciones concurrentes en un solo distrito* (o en varios pero sin alcanzar los requisitos de los apartados 2 y 3)
Total de candidaturas: 30
Obtienen representación parlamentaria:
Partido Aragonés Regionalista: 1 escaño
Unión del Pueblo Navarro: 1 escaño

5. — *Resultados globales para el Congreso de los Diputados*[1]

Censo electoral	26.767.369	
Votantes	18.299.640	68,4 %
UCD	6.268.593	34,3 %
PSOE-PSC	5.469.813	30 %
PCE-PSUC	1.911.217	10,5 %
CD	1.067.732	5,8 %
CiU	483.353	2,6 %
UN	370.740	2 %
PSA-pa	325.842	1,8 %
PNV	275.292	1,5 %
HB	172.110	0,9 %
ERC-FNC	123.452	0,7 %
EE	85.677	0,5 %
UPC	58.953	0,3 %
PAR	38.042	0,2 %
UPN	28.248	0,1 %

1. FUENTE: Los datos aquí recogidos son los publicados por las juntas electorales Provinciales y publicadas por J. I. Cases, *R.E.P.*, n.º 9 (1979) y *El País* (2 y 3-V-1979). Conviene resaltar que aunque escasas existen pequeñas diferencias entre ambas publicaciones, con un margen de ± 0,2 %. Los porcentajes son del autor.

Extrema izquierda[2]	554.564	3 %
Nacionalistas[3]	269.844	1,5 %
Otros	796.174	4,3 %
TOTAL:		91,2 %

6 — *Resultados globales para el Senado de los partidos y/o coaliciones que obtienen representación en el Congreso y de los que la obtienen sólo en el Senado:*[4]

	Votos	Senadores
UCD	5.824.005	118
PSOE[5]	5.431.839	71
PCE-PSUC[6]	2.322.081	1
CD	1.152.037	3
CiU	468.474	1
PNV	333.239	8
PSA	365.662	—
HB	158.889	1
UN	442.854	—
ERC[5]		
EE	71.670	—
UPC	63.260	—
PAR	45.824	—

2. Aunque siempre es discutible las agrupaciones de partidos y/o coaliciones, se han agrupado en este apartado aquellas que se reclaman de la ideología «comunista»: PTE, ORT, MC, PCT, LCR, OCE-BR, UCE, LC, POC, UNAI.

3. Esta agrupación puede resultar aún más polémica que la anterior, habiéndose intentado reflejar el peso de los grupos nacionalistas de centro e izquierda en directa competición con sus homónimos estatales y/o nacionales: BNPG, BEAN, UG, Col. Aragón, PANCAL, Estat Català, Nacionalistas Vascos, PNPV, P. del País Canario, Socialistes de Mallorca i Menorca.

4. La fuente es la misma que la señalada para el Congreso. Conocido el sistema electoral del Senado —sufragio mayoritario con voto restringido—, los votos para cada partido o coalición están tomados del candidato mejor situado (sobre los diversos métodos de estudio de los resultados al Senado, ver Ramón M.ª Canals y J. Molins, «Les eleccions al Senat», *Estudis electorals*, n.º 2).

5. En Catalunya el PSC se coligó con ERC bajo el nombre de los primeros, ERC obtuvo dos senadores electos pero la disciplina de ambos partidos fue escasa —especialmente en Lérida—.

6. En Catalunya el PSUC no presentó candidatos propios sino que impulsó una agrupación de electores «Per l'Entesa» con el apoyo posterior del PTE.

	Votos	Senadores
UPN	29.631	—
C. Progres. Menorquina	11.745	1
Independientes Ávila [7]	21.891	1
Independientes Soria [8]	22.431	3
TOTAL		208

LAS ELECCIONES DEL 28 DE OCTUBRE DE 1982

1. — *Antecedentes*. Disolución anticipada del Congreso y del Senado. Misma ley electoral que en las dos anteriores consultas. Fraccionamiento del partido vencedor en las dos anteriores elecciones (UCD): se forma el Centro Democrático y Social, liderado por Adolfo Suárez, y el Partido Demócrata Popular, que se coaliga con Alianza Popular.

2. — *Partidos y/o coaliciones concurrentes en el ámbito estatal* (a partir de su presencia en veinte distritos electorales en el Congreso).
AP-PDP
CDS
FE de las JONS
FN (Fuerza Nueva)
LC (Liga Comunista)
LCR (Liga Comunista Revolucionaria)
MC (Movimiento Comunista)
PCE-PSUC
PCE (m-l)
Partido Socialista (antiguo PSOE-h)
PSOE-PSC
PST (Partido Socialista de los Trabajadores)
SE (Solidaridad Española)
UCD
UCE (Unificación Comunista de España)

TOTAL: 15

---

7. El candidato electo, V. Bosque, se presentó en solitario.
8. La candidatura independiente era completa, encabezada por R. Cercós.

Obtienen representación parlamentaria:

PSOE-PSC	202 diputados
AP-PDP	106 »
UCD	12 »
PCE-PSUC	4 »
CDS	2 »
TOTAL:	326 diputados

93,1 por ciento del total, pertenecientes a cinco partidos y/o coaliciones. Los dos primeros partidos obtienen el 88 % de la representación parlamentaria (a nivel de voto popular obtienen el 73,7 % de los sufragios).

3. — *Partidos y/o coaliciones concurrentes en el ámbito de nacionalidad o región* (se presentan al menos en la mitad de distritos electorales de su ámbito territorial).

País Vasco
PNV
HB
EE

TOTAL: 3

Cataluña
CiU
ERC
PCC (Partit dels Comunistes de Catalunya)
NE (Nacionalistes d'esquerra)

TOTAL: 4

Galicia
EG (Esquerda Galega)
ER (Esquerda Revolucionaria)
Bloque-PSG

TOTAL: 3

Canarias
PCU (Pueblo Canario Unido)
PNC (Partido Nacionalista Canario)
UPC (Unión del Pueblo Canario)
AC (Asamblea Canaria)

   TOTAL: 4

Andalucía
PSA (Partido Socialista Andaluz - Partido Andaluz)

   TOTAL: 1

Comunidad Valenciana
EUPV (Esquerra Unida País Valencià)
UPV (Unió del Poble Valencià)

   TOTAL: 2

Aragón
PSA (Partido Socialista de Aragón)

   TOTAL: 1

Extremadura
EU (Extremadura Unida)

   TOTAL: 1

Obtienen representación parlamentaria:

CiU	12 diputados
PNV	8 »
HB	2 »
ERC	1 »
EE	1 »
TOTAL:	24 diputados

6,8 % del total, pertenecientes a cinco partidos y/o coaliciones.

4. — *Resultados globales para el Congreso de los Diputados de los partidos que obtienen representación parlamentaria:*[1]

Censo electoral	26.853.909	
Votantes	21.441.673	79,9 %
PSOE-PSC	10.127.392	48,4 %
AP-PDP [2]	5.478.533	26,2 %
UCD	1.494.667	7,1 %
PCE-PSUC	865.267	4,1 %
CDS	604.309	2,9 %
CiU	772.726	3,7 %
PNV	395.656	1,9 %
HB	210.601	1 %
ERC	138.116	0,6 %
EE	100.326	0,5 %
Otros	736.385	3,5 %
TOTAL:		96,5 %

5. — *Senadores electos por las diferentes candidaturas:*

PSOE-PSC	134 senadores
AP-PDP	54 »
UCD	4 »
Catalunya al Senat [3]	7 »
PNV	7 »
Asamblea Majorera	1 »
Ind. Soria	1 »
TOTAL:	208 senadores

1. FUENTE: Junta Electoral Central.
2. Se presentó en coalición con UCD en el País Vasco y los votos se han repartido entre ambas candidaturas.
3. Coalición formada por CiU y ERC.

LAS ELECCIONES AUTONÓMICAS DE LAS COMUNIDADES AUTÓNOMAS CONSTITUIDAS AL AMPARO DEL ART. 151

1. — *Las elecciones al Parlamento Vasco de 9 de marzo de 1980* [1]

Censo electoral	1.584.577		60	escaños
Votantes	932.125	58,8 %		
PNV	350.283	37,6 %	25	escaños
HB	152.162	16,3 %	11	»
PSOE	130.542	14 %	9	»
EE	90.064	9,7 %	6	»
UCD	78.310	8,4 %	6	»
AP	43.853	4,7 %	2	»
PCE	37.051	4 %	1	»
Otros	36.788	3,9 %		

2. — *Las elecciones al Parlamento Catalán de 20 de marzo de 1980* [2]

Censo electoral	4.436.359		135	escaños
Votantes	2.725.558	61,4 %		
CiU	754.448	27,7 %	43	»
PSC	608.689	22,3 %	33	»
PSUC	509.014	18,7 %	25	»
CC-UCD	287.610	10,6 %	18	»
ERC	241.711	8,9 %	14	»
PSA	72.071	2,6 %	2	»
Otros	220.443	8,3 %		

3. — *Las elecciones al Parlamento Gallego de 20 de octubre de 1981* [3]

Censo electoral	2.174.246		71	escaños
Votantes	1.006.222	46,3 %		
AP	301.039	30,5 %	26	»
UCD	274.191	27,8 %	24	»
PSOE	193.456	19,6 %	16	»
Bloque-PSG	61.870	6,3 %	3	»
Esquerda Galega	33.497	3,4 %	1	»
PCE	28.927	2,9 %	1	»
Otros	93.255	9,3 %		

1. FUENTE: Diario *El País* 11-III-1980.
2. FUENTE: Equip de Sociologia Electoral: «Resultats de les eleccions al Parlament de Catalunya.» Generalitat de Catalunya.
3. FUENTE: Dirección General de Política Interior.

4. — *Las elecciones al Parlamento Andaluz de 23 de mayo de 1982* [4]

Censo electoral	4.346.785		109 escaños
Votantes	2.870.111	66 %	
PSOE	1.494.619	52,7 %	66 »
AP	484.474	17,1 %	17 »
UCD	371.144	13,1 %	15 »
PCE	243.344	8,6 %	8 »
PSA	153.709	5,4 %	3 »
Otros	88.532	3 %	

4. FUENTE: Dirección General de Política Interior.

BIBLIOGRAFÍA SUMARIA DE OBRAS GENERALES

Afortunadamente los trabajos sobre nuestro sistema político y constitucional actual son casi innumerables. Por ello, la recensión bibliográfica en una obra de estas dimensiones y pretensiones es imposible. Es mejor recabar información de los trabajos especializados en esta materia que, por suerte, se encuentran ya publicados con un enorme cúmulo de datos y un excelente rigor. Valgan, por todos ellos, los siguientes:

AGUIAR, L.: «Bibliografía sistemática sobre la Constitución de 1978», *Revista de la Facultad de Derecho de la Universidad Complutense*, Madrid, núm. 3 (monográfico) y núm. 60.
GARCÍA FERNÁNDEZ, J.: *Bibliografía española de Derecho Político (1939-1981)*, CEC, Madrid, 1982. Es una excelente obra tanto por su sistematización como porque las fuentes de conocimiento que recoge sirven sobradamente para el estudio del período objeto de la presente aportación.
NICOLÁS MUÑIZ, J. y BLANCO CANALES, R.: «Bibliografía: Materiales para el estudio de la jurisdicción constitucional», *Revista de Derecho Político de la Universidad Nacional a Distancia*, Madrid, núm. 16.

Obras generales sobre la Constitución y el sistema político

ÁLVAREZ CONDE, E.: *El régimen político español*, Tecnos, Madrid, 1983.
DE ESTEBAN, J., LÓPEZ GUERRA, L. ESPÍN, E., GARCÍA MORILLO, J. y PÉREZ TREMPS, P.: *El régimen constitucional español*, Labor, Barcelona, 2 vols., vol. I: 1980; vol. II: 1982.
ALZAGA, O.: *La Constitución española de 1978*, Ed. del Foro, Madrid, 1978.
— (ed.): *Comentarios a las Leyes Políticas. Constitución española*, Rev. de D.º Privado, Madrid, Vols. I y III, varios autores, 1983.

Fernández Rodríguez, T. R. (ed.): *Lecturas sobre la Constitución española*, 2 vols., UNED, Madrid, 1978.
Garrido Falla, F. y otros: *Comentarios a la Constitución*, Civitas, Madrid, 1980.
Martínez Sospedra, M.: *Aproximación al Derecho Constitucional español*, F. Torres, Valencia, 1980.
Murillo Ferrol, F. y Ramírez Jiménez, M.: *Ordenamiento constitucional de España*, SM, Madrid, 1980.
Peces-Barba, G. y Prieto Sanchís, L.: *La Constitución española de 1978. Un estudio de Derecho y Política*, F. Torres, Valencia, 1981.
Predieri, A. y García de Enterría, E.: *La Constitución española de 1978. Estudio sistemático*, ob. colect., Civitas, Madrid, 1980.
Ramírez Jiménez, M. (ed.): *Estudios sobre la Constitución española de 1978*, Pórtico, Zaragoza, 1978.
Ramírez Jiménez, M. (ed.): *El desarrollo de la Constitución española de 1978*, Pórtico, Zaragoza, 1982.
Sánchez Agesta, L.: *El sistema político de la Constitución española de 1978*, Ed. Nacional, Madrid, 1981, 2.ª ed.
Sánchez Goyanes, E.: *El sistema constitucional español*, Paraninfo, Madrid, 1980.
Viver Pi-Sunyer: *Constitución. Conocimiento del ordenamiento constitucional*, Vicens Vives, Barcelona.

Otras obras (colectivas) sobre aspectos esenciales de la Constitución:

La Constitución y las fuentes del Derecho, 3 vols., Dirección General de lo Contencioso del Estado. Instituto de Estudios Fiscales, Madrid 1979.
Poder judicial, 3 vols., Dirección General de lo Contencioso del Estado. Instituto de Estudios Fiscales, Madrid, 1983.
Tribunal Constitucional, 3 vols., Dirección General de lo Contencioso del Estado. Instituto de Estudios Fiscales, Madrid, 1981.

Obras generales sobre las Comunidades Autónomas

Álvarez Conde, E.: *Las Comunidades Autónomas*, Ed. Nacional, Madrid, 1980.
Muñoz Machado, A.: *Derecho Público de las Comunidades Autónomas*, vol. I, Civitas, Madrid, 1983.
Vandelli, L.: *El ordenamiento español de las Comunidades Autónomas*, IEAL, Madrid, 1982.

ÍNDICE

Prólogo a la segunda edición 7
Prólogo a la primera edición 9

Sección I/INTRODUCCIÓN: CRISIS DEL FRANQUISMO   11

1. La transición a la democracia   18
2. La Constitución española de 1978   41

Sección II/EL SISTEMA POLÍTICO CONSTITUCIONAL   55

1. Principios generales, el Estado social y democrático de Derecho y la regulación de los derechos y libertades   57
   El Estado social y democrático de Derecho   59
2. La forma de gobierno: la monarquía parlamentaria   97
3. La estructura del Estado o forma de Estado   102
   Instituciones y poderes del Estado central   103
4. Las comunidades autónomas   123
5. El Tribunal Constitucional   136
6. La reforma constitucional   177
7. Partidos, proceso político y desarrollo constitucional   190

APÉNDICE   203
BIBLIOGRAFÍA SUMARIA DE OBRAS GENERALES . .   223

Impreso en el mes de junio de 1984
en Romanyà/Valls, Verdaguer, 1
Capellades (Barcelona)